1~2학년이 보는

과학 88

글 해바라기 기획 · 그림 김은경

my friend 토피

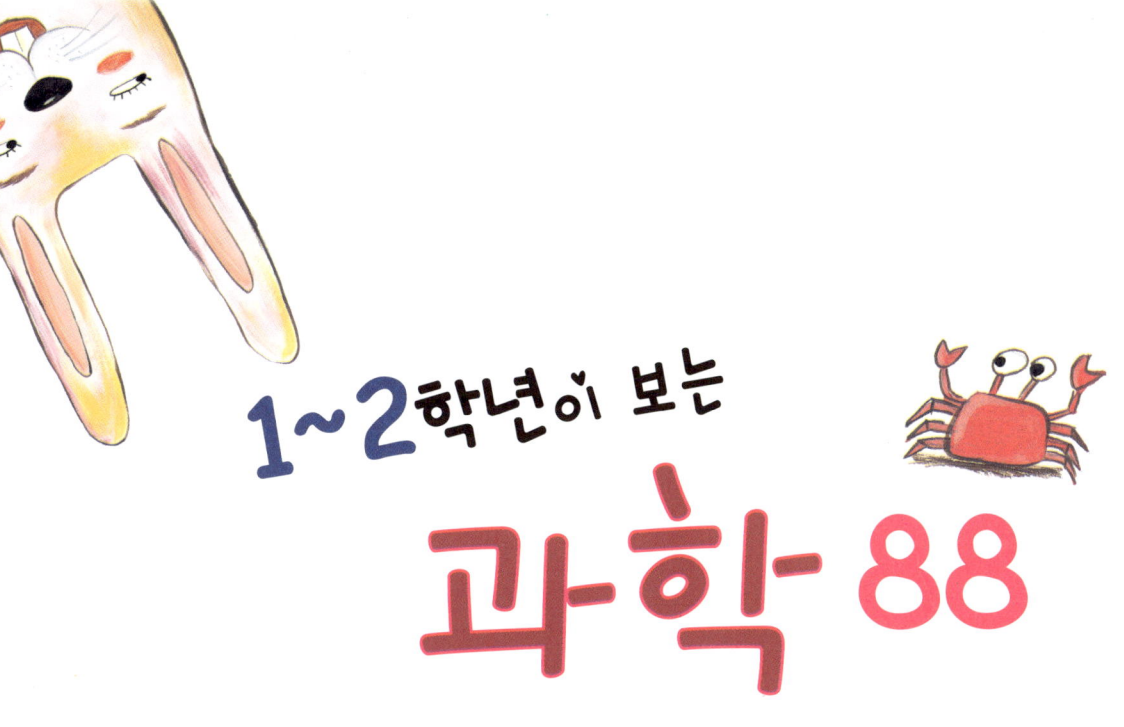

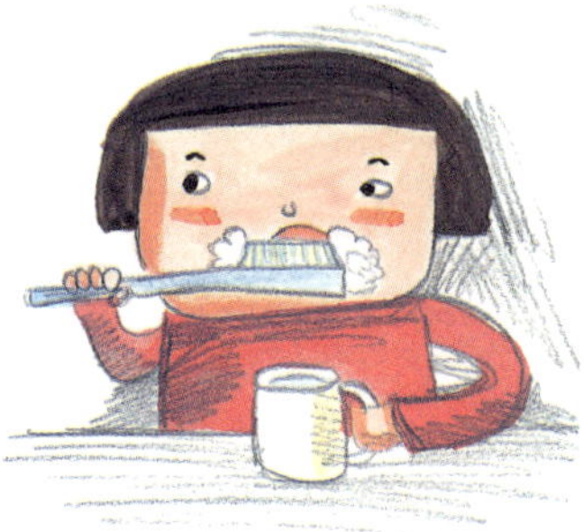

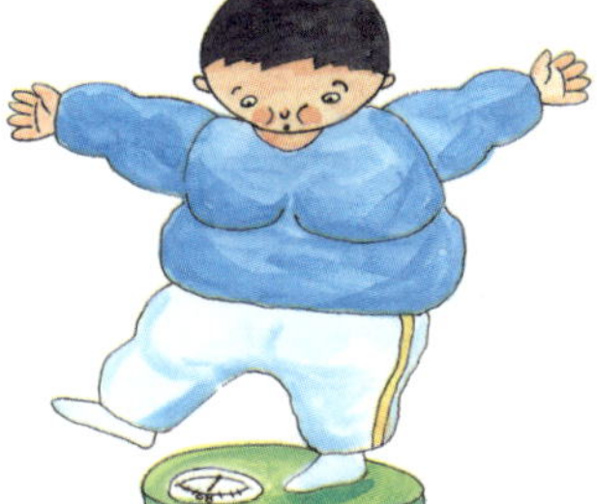

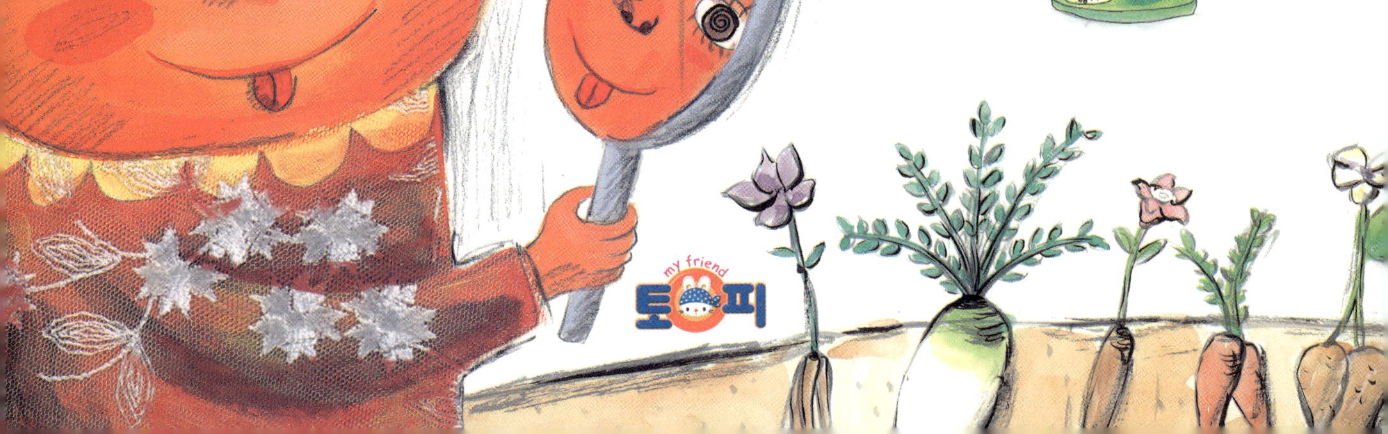

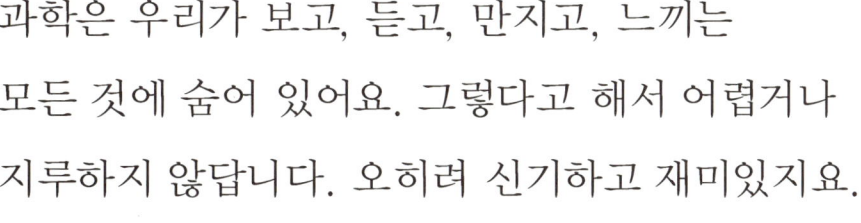

머리말

과학은 우리가 보고, 듣고, 만지고, 느끼는
모든 것에 숨어 있어요. 그렇다고 해서 어렵거나
지루하지 않답니다. 오히려 신기하고 재미있지요.
유리는 어떻게 만드는 것일까?
비행기는 어떻게 하늘을 날 수 있을까?
물과 기름은 왜 섞이지 않을까?
이러한 궁금증을 과학은 풀어 주거든요.
왜? 어째서? 어떻게?
과학의 출발은 호기심에서 시작된답니다.
그리고 출발을 해 보면 과학이라는 세계는 끝없는
흥미와 재미의 세계임을 알 수 있어요.
이 책은 흥미진진한 과학의 세계로 1~2학년 어린이
여러분을 안내해 주는 좋은 친구가 될 거예요.

차례

신비한 동물의 세계

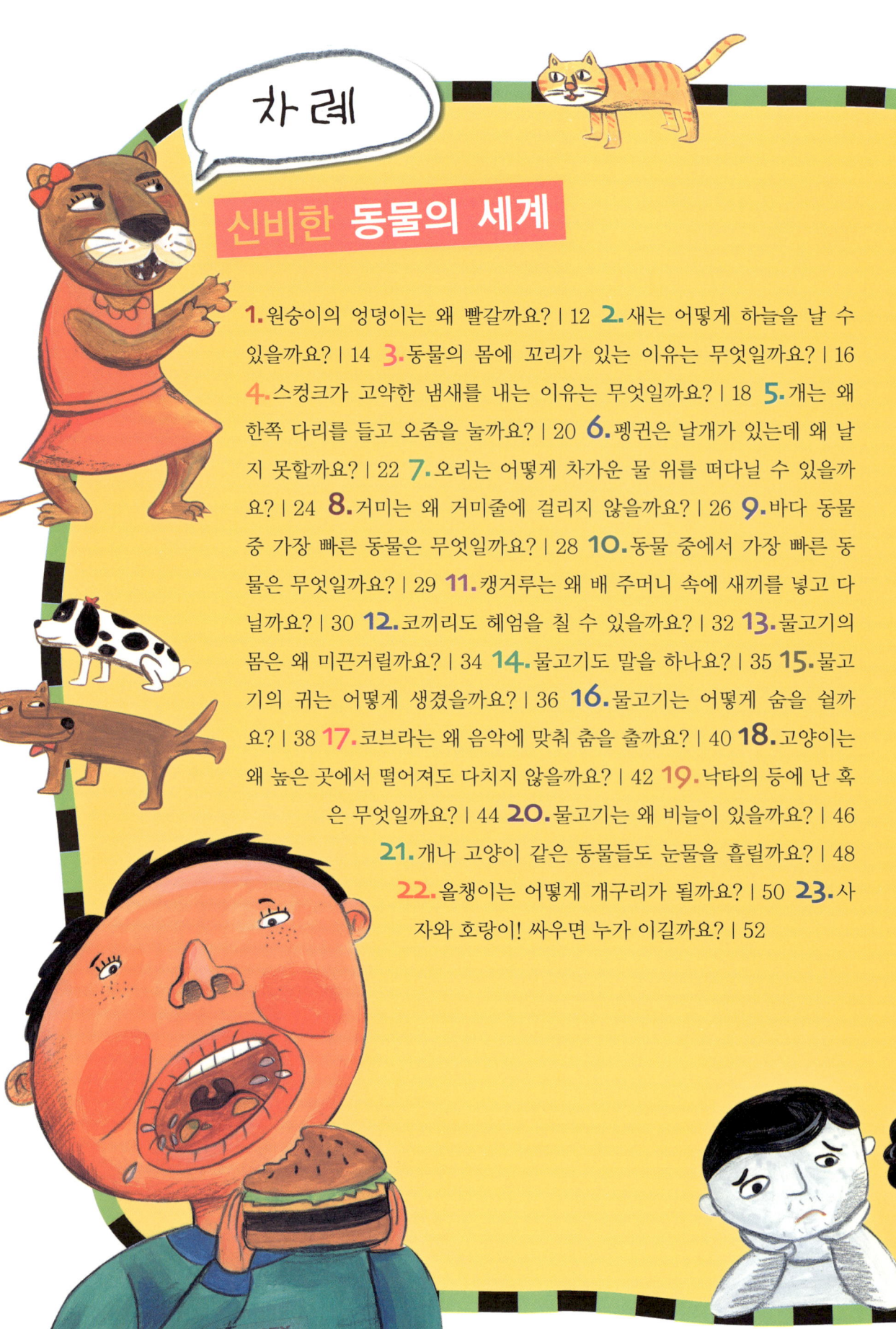

1. 원숭이의 엉덩이는 왜 빨갈까요? | 12
2. 새는 어떻게 하늘을 날 수 있을까요? | 14
3. 동물의 몸에 꼬리가 있는 이유는 무엇일까요? | 16
4. 스컹크가 고약한 냄새를 내는 이유는 무엇일까요? | 18
5. 개는 왜 한쪽 다리를 들고 오줌을 눌까요? | 20
6. 펭귄은 날개가 있는데 왜 날지 못할까요? | 22
7. 오리는 어떻게 차가운 물 위를 떠다닐 수 있을까요? | 24
8. 거미는 왜 거미줄에 걸리지 않을까요? | 26
9. 바다 동물 중 가장 빠른 동물은 무엇일까요? | 28
10. 동물 중에서 가장 빠른 동물은 무엇일까요? | 29
11. 캥거루는 왜 배 주머니 속에 새끼를 넣고 다닐까요? | 30
12. 코끼리도 헤엄을 칠 수 있을까요? | 32
13. 물고기의 몸은 왜 미끈거릴까요? | 34
14. 물고기도 말을 하나요? | 35
15. 물고기의 귀는 어떻게 생겼을까요? | 36
16. 물고기는 어떻게 숨을 쉴까요? | 38
17. 코브라는 왜 음악에 맞춰 춤을 출까요? | 40
18. 고양이는 왜 높은 곳에서 떨어져도 다치지 않을까요? | 42
19. 낙타의 등에 난 혹은 무엇일까요? | 44
20. 물고기는 왜 비늘이 있을까요? | 46
21. 개나 고양이 같은 동물들도 눈물을 흘릴까요? | 48
22. 올챙이는 어떻게 개구리가 될까요? | 50
23. 사자와 호랑이! 싸우면 누가 이길까요? | 52

24. 빨간 천을 보면 소는 왜 덤벼들까요? | 54
25. 귀뚜라미는 왜 가을에 우는 것일까요? | 56
26. 호랑이의 몸에는 왜 줄무늬가 있을까요? | 58
27. 닭이 날지 못하는 이유는 무엇일까요? | 60

인체 이야기

28. 양파 껍질을 벗기면 왜 눈물이 나올까요? | 64 **29.** 침이 나오는 이유는 무엇일까요? | 66 **30.** 손톱이 생긴 이유는 무엇일까요? | 68 **31.** 배가 고프면 왜 뱃속에서 꼬르륵 소리가 날까요? | 70 **32.** 걸음을 걸을 때 왜 팔을 흔드는 것일까요? | 72 **33.** 오줌을 누고 나서 왜 몸을 떨까요? | 74 **34.** 눈썹은 왜 생겼을까요? | 75 **35.** 물에 손을 담그고 있으면 왜 손이 쭈글쭈글해질까요? | 76 **36.** 무릎을 꿇고 앉아 있으면 왜 다리가 저릴까요? | 78 **37.** 지문은 왜 있는 것일까요? | 80 **38.** 채소를 먹지 않으면 병에 걸릴까요? | 82 **39.** 갓난아기는 왜 이가 없을까요? | 84 **40.** 배꼽에는 왜 까만 것이 끼어 있을까요? | 85 **41.** 키는 언제까지 자라는 것일까요? | 86

어 눈에 먼지가 들어 갔네?
따가워

42. 물구나무서기를 하고도 먹을 수 있을까요? | 88 **43.** 머리를 많이 때리면 머리가 나빠질까요? | 89 **44.** 하품을 하면 왜 눈물이 날까요? | 90 **45.** 다치면 왜 피가 날까요? | 92 **46.** 눈곱은 왜 밤에 생길까요? | 94 **47.** 밥은 몇 번 씹어서 삼키는 것이 좋을까요? | 96 **48.** 맴맴 돌고 나면 왜 어지러울까요? | 98 **49.** 재채기가 나오는 이유는 무엇일까요? | 100 **50.** 밥은 어떻게 먹어야 소화가 잘 될까요? | 102 **51.** 우리 몸에서 주름이 가장 많은 곳은 어디일까요? | 103 **52.** 속눈썹은 왜 있을까요? | 104

신비한 자연 현상

53. 구름은 어떻게 생길까요? | 108 **54.** 비는 왜 내릴까요? | 110 **55.** 바닷물은 왜 짤까요? | 112 **56.** 하늘의 별은 모두 몇 개일까요? | 114 **57.** 파도는 왜 생길까요? | 115 **58.** 이슬은 어떻게 생기는 걸까요? | 116 **59.** 안개는 무엇일까요? | 118 **60.** 물은 색깔이 있을까요? | 119 **61.** 태양과 달, 어느 것이 더 멀리 있을까요? | 120 **62.** 천둥과 번개, 어느 것이 더 빠를까요? | 122 **63.** 눈은 어디에서 생겨 떨어질까요? | 124

식물 이야기

64. 양파는 뿌리일까요? 잎일까요? | 128 **65.** 식물도 혈액형이 있을까요? | 130 **66.** 씨앗에 물을 주면 왜 싹이 틀까요? | 132

67. 식물은 어디로 영양분을 먹을까요? | 134
68. 풀·꽃·나무는 왜 햇빛이 필요할까요? | 136
69. 선인장은 모래사막에서 어떻게 살 수 있을까요? | 138
70. 풀 중에서 키가 가장 큰 풀은 무엇일까요? | 140
71. 밤에는 왜 꽃잎이 오므라들까요? | 142

생활 과학 이야기

72. 미끄럼틀을 타면 왜 엉덩이가 뜨거워지나요? | 146 **73.** 신호등의 멈춤 표시는 왜 빨간색일까요? | 148 **74.** 물과 기름은 왜 섞이지 않을까요? | 150 **75.** 약은 무엇으로 만들까요? 약을 먹으면 왜 병이 나을까요? | 152 **76.** 무거운 비행기가 어떻게 하늘을 날까요? | 154 **77.** 유리병에 물을 가득 담아 얼리면 어떻게 될까요? | 156 **78.** 삶은 달걀과 날달걀은 어떻게 구별할까요? | 157 **79.** 버스를 타고 가는데 천둥이 치면 어떻게 해야 할까요? | 158 **80.** 목이 마를 때 바닷물을 마셔도 될까요? | 160 **81.** 유리는 어떻게 만들까요? | 162 **82.** 높은 건물도 바람이 세게 불면 흔들릴까요? | 164 **83.** 우유는 어떻게 마시는 것이 좋을까요? | 166 **84.** 유리컵에 뜨거운 물을 부으면 왜 깨질까요? | 168 **85.** 얼음은 왜 차가울까요? | 170 **86.** 거울에 입김을 불면 왜 뿌옇게 흐려질까요? | 171 **87.** 저울 위에서 한쪽 다리를 들면 무게는 어떨까요? | 172 **88.** 1, 2, 3, 4······. 와 같은 숫자는 누가 만들었을까요? | 173

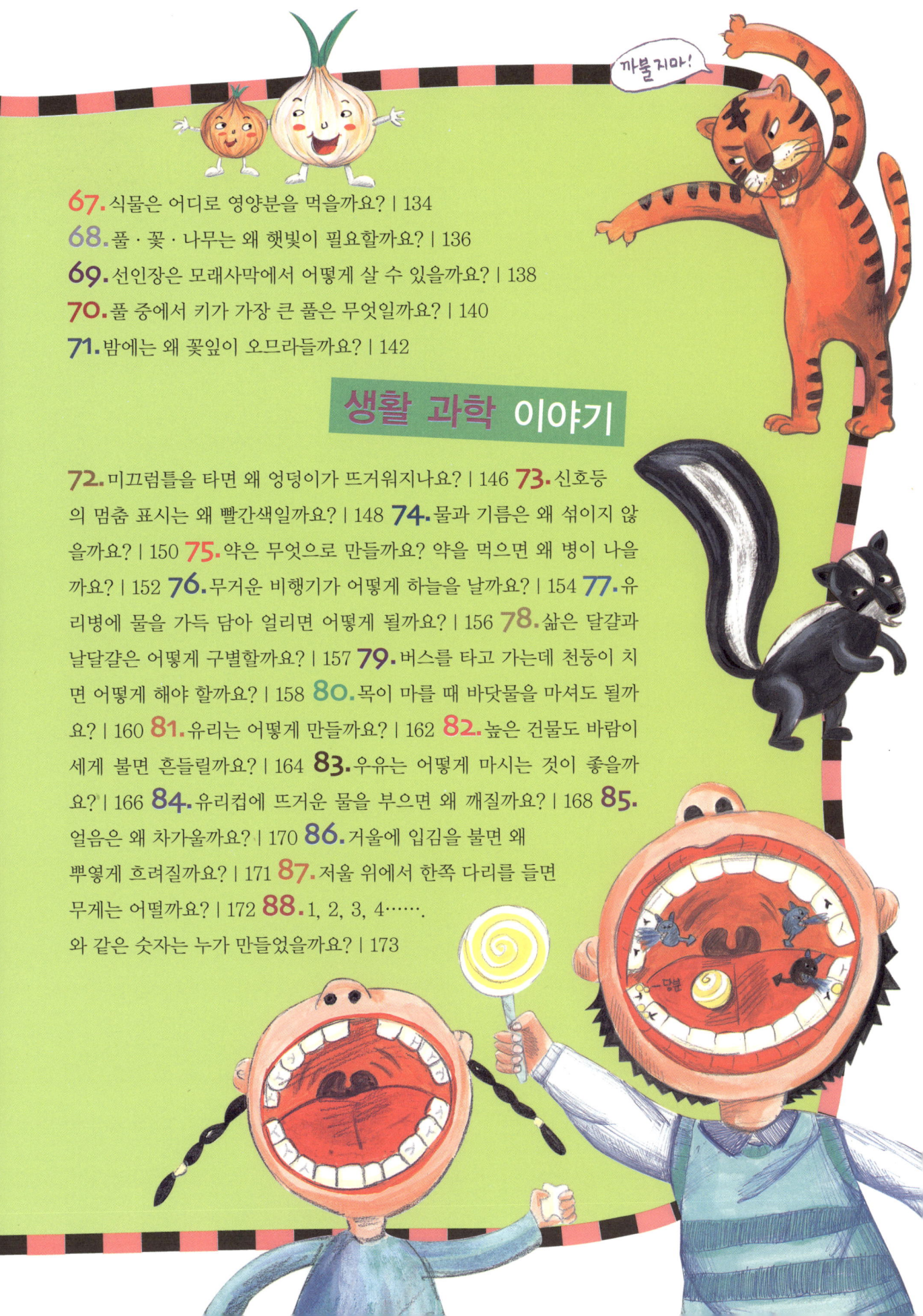

첫 번째 이야기

신비한 동물의 세계

원숭이의 엉덩이는 왜 빨갈까요?
새는 어떻게 하늘을 날 수 있을까요?
토끼의 귀는 왜 길까요?

01 원숭이의 엉덩이는 왜 빨갈까요?

사람과 비슷한 원숭이는 귀여운 짓을 많이 해요.
그런데 엉덩이를 한번 보세요.
빨갛지요? 왜 그럴까요?
이것은 빨간 피가 피부 표면에 비쳐 보여서 그런 거예요.
짝짓기를 할 때가 되면 엉덩이는 더욱더 빨갛게 부풀어 올라 마치 빨간 사과 같답니다.

조금 더 알기

원숭이는 영리한 동물로, 도구를 쓸 줄 아는 동물이에요. 무리를 지어 생활하며, 과일이나 채소, 동물 등 무엇이나 잘 먹는답니다. 나무를 잘 타고, 나뭇가지에 꼬리를 감아 거꾸로 매달리기도 하지요.

02 새는 어떻게 하늘을 날 수 있을까요?

사람도 하늘을 훨훨 날 수 있다면 얼마나
좋을까요? 마치 새처럼 말이에요.
그런데 새는 어떻게 하늘을 날 수 있을까요?
새는 가볍고 따뜻한 깃털로 몸을 감싸고 있어요.
깃털이 따뜻한 공기를 몸에 간직하기 때문에
하늘을 날 수 있고, 추운 곳에서도 살 수 있답니다.
또한 머리가 작고, 부리가 가벼우며, 뼛속이
텅 비어 있기 때문에 하늘을 날 수 있는 거랍니다.

그리고 힘찬 날갯짓을 할 수 있는 근육과
근육을 받치는 가슴뼈가 발달되어 있는 것도
새가 하늘을 날 수 있는 또 하나의 이유지요.
그러나 사람은 머리와 뼈가 무겁고,
턱뼈와 이빨도 무겁기 때문에
하늘을 날 수 없답니다.

03 동물의 몸에 꼬리가 있는 이유는 무엇일까요?

사람을 비롯한 척추 동물들은 모두 꼬리가 있어요.
동물에 따라서 꼬리의 모양이나 색깔, 크기는
각각 다르지만, 공통적인 것은 저마다의
생활에 편리하도록 되어 있다는 거예요.
사람도 옛날에는 꼬리가 있었어요.
그런데 생활에 불편하고, 별다른 도움이 되지 않기
때문에 점점 퇴화하여 이제는 없어진 것이랍니다.
참, 동물들의 꼬리는 저마다 쓰임이 다르다고 했지요?
악어는 물을 따라 이리저리 헤엄을 칠 때 꼬리를 치며,

사슴은 꼬리를 움직여 무리들에게 신호를 보내지요.
날다람쥐는 공중을 날 때 꼬리를 이용해 방향을
잡고, 원숭이와 주머니두더지는 나뭇가지에
매달릴 때 꼬리를 이용한답니다. 캥거루는 달릴 때
꼬리를 이용해 몸의 균형을 잡고, 4미터 정도
높이 뛴 뒤에 땅에 내려설 때 꼬리를 사용해요.
여우는 털이 무성한 꼬리를 발과 코에 덮고 추운
밤에 잠을 자며, 말이나 소는 큰 꼬리를 움직여서
몸에 앉은 파리나 벌레를 쫓는답니다. 이렇게
동물마다 꼬리의 역할은 다르지만 한 가지 공통점이
있어요. 그것은 꼬리가 항문을 지킨다는 점이랍니다.

04 스컹크가 고약한 냄새를 내는 이유는 무엇일까요?

스컹크는 아주 고약한 냄새를 내는 동물이에요.
그러나 아무 때나 냄새를 내지는 않는답니다.
스컹크가 냄새를 피우는 때는 자신이 위험에 처했거나 어떤 충격으로 놀랐을 때예요.
냄새는 스컹크의 꼬리 부분에 있는 두 개의 내분비선에서 만들어지는데, 그 양은 여섯 번에 걸쳐서 내뿜을 수 있는 정도랍니다.
스컹크는 고약한 분비물을 만들기 전에 먼저 적에게 으르렁거리며 앞발을 굴러요.
그러다가 최후 수단으로, 휙 돌아서서 꼬리를 들고 적에게 뿡! 액체를 내뿜지요.

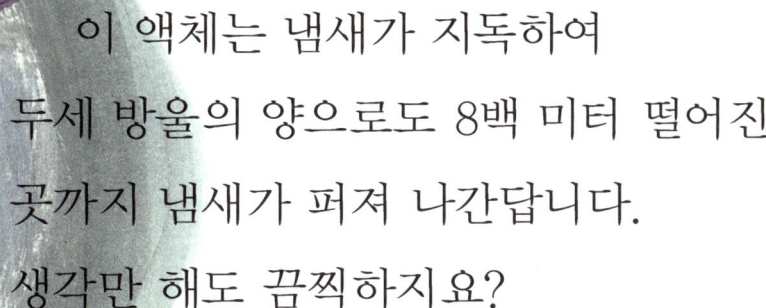

이 액체는 냄새가 지독하여
두세 방울의 양으로도 8백 미터 떨어진
곳까지 냄새가 퍼져 나간답니다.
생각만 해도 끔찍하지요?

조금 더 알기!

스컹크가 뿜어내는 액체가 다른 동물의 눈에 들어가면 개 따위는 순간 눈이 어두워져 공격을 할 수 없게 돼요. 스컹크는 이런 점을 알고 다른 동물을 만나도 무서워하지 않고, 도망도 가지 않는답니다.

 개는 왜 한쪽 다리를 들고 오줌을 눌까요?

개가 오줌을 누는 모습은 크게 두 가지로 나누어 볼 수 있어요. 하나는, 엉덩이를 조금 내리고 누는 모습이고, 또 하나는, 한쪽 다리를 들고 누는 모습이에요. 엉덩이를 조금 내리고 누는 개는 어린 강아지나 암컷이고, 다리를 들고 누는 개는 다 자란 수컷이랍니다.

수컷은 오줌을 누어서 "이곳은 내 영역이야." 하고 다른 개들에게 알리는 거예요.

그것을 어떻게 아느냐고요?
오줌에는 자신의 냄새가 배어 있기 때문에 알 수 있답니다.
그리고 한쪽 다리를 들고 오줌을 누는 것은 다리를

들어야 오줌이 더 멀리,
더 높이 가기 때문이에요.
오줌이 멀리 또 높은 곳에
묻을수록 크고 힘센
개라는 것을 나타내거든요.

06 펭귄은 날개가 있는데 왜 날지 못할까요?

검정 연미복을 입은 멋쟁이 신사 펭귄은
남극 대륙에 사는 바닷새랍니다.
그런데 다른 새처럼 하늘을 날지 않고,
바다 속에 들어가 먹이를 잡아먹고 살아요.
그러다 보니 **펭귄의 날개는 물고기의
지느러미처럼 변해 버렸답니다.**
그래서 날지는 못하지만, 물속에서 헤엄을
잘 치는 거지요.
땅 위를 걸을 때는 두 발로 흰 배를 내밀고
뒤뚱뒤뚱 걷는답니다.

조금 더 알기!

펭귄은 이빨이 있을까요? 이빨은 동물이 음식물을 먹거나 잡기 위한 도구예요. 그런데 펭귄은 바닷새라고 했지요? 즉 조류예요. 조류(새)는 먹이를 씹지 않고 통째로 삼킨답니다. 대신 먹이를 찢어 먹을 수 있도록 이빨 대신 부리가 발달하였지요. 따라서 펭귄은 이빨이 없답니다.

신비한 동물의 세계 23

 오리는 어떻게 차가운 물 위를 떠다닐 수 있을까요?

사람이 추운 겨울날 강물에 들어가 수영을 한다면, 어떨까요? 감기가 심하게 걸리겠지요?

그런데 오리는 어떻게 차가운 물 위를 떠다닐 수 있을까요? 발은 시리지 않을까요?

오리는 겉에 나 있는 털 속에 솜털이 아주 빽빽하게 나 있어요.

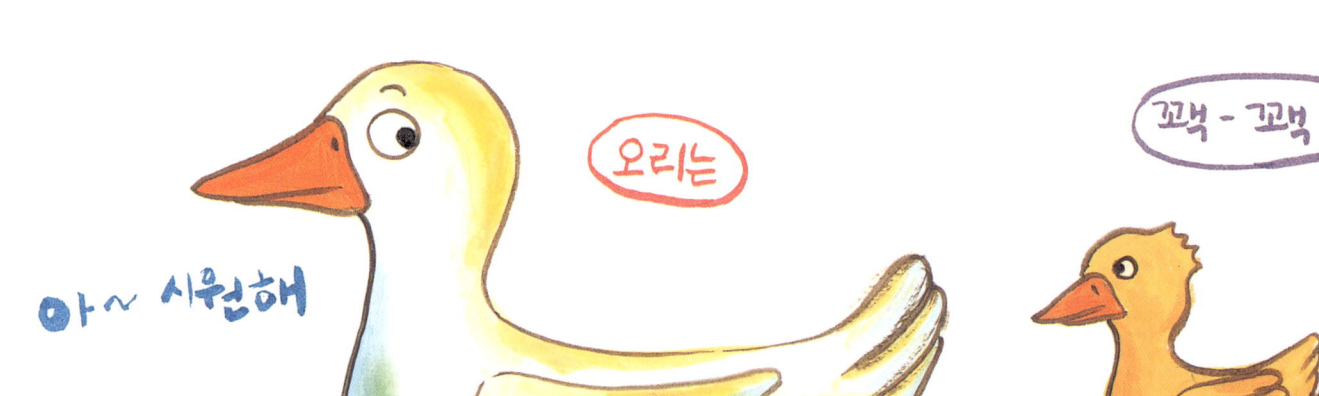

그 솜털 때문에 물이 직접 살에 닿지 않아 따뜻한 체온을 유지할 수 있답니다. 그리고 꽁무니 부분에 기름샘이 있어서 부리로 연신 기름을 깃털에 묻혀서 물이 스며들지 않도록 하기 때문에 체온이 떨어지지 않아요. 또한 오리의 발은 피가 흐르지 않고 신경도 없어서 찬물에 떠 있어도 체온을 빼앗기지 않는답니다. 오리가 차가운 물 위를 떠다닐 수 있는 이유, 이제 알았지요?

거미는 왜 거미줄에 걸리지 않을까요?

26

거미는 몸에서 거미줄을 뽑아내어 거미줄에 곤충이 걸리면 잡아먹어요.
거미줄은 끈적끈적하기 때문에 곤충이 한번 달라붙으면 떨어지지 않으며, 빠져나오려 발버둥을 치면 칠수록 더욱 감겨들어요.
그런데 거미는 자신이 쳐놓은 거미줄을 슬금슬금 잘도 기어가요. 거미는 끈적끈적한 거미줄에 달라붙지 않고 어떻게 기어갈 수 있을까요?
그것은 거미의 발이 아주 독특하기 때문이에요. **거미의 발에서는 거미줄에 달라붙지 않도록 하는 물질이 나온답니다.**
그래서 거미는 거미줄 위를 기어가도 달라붙지 않아요.

바다 동물 중 가장 빠른 동물은 무엇일까요?

바다의 동물로 가장 빠른 동물은 돌고래예요. 특히 항해 중인 배의 뱃머리에 있는 물을 이용해서 돌고래에게 헤엄을 치게 하면, 그냥 헤엄을 치는 것보다 훨씬 더 빨리 헤엄을 친답니다. 그러나 돌고래가 어떻게 해서 그렇게 빨리 헤엄을 칠 수 있는지는 아직 밝혀지지 않았어요.

10 동물 중에서 가장 빠른 동물은 무엇일까요?

동물 중 가장 빠른 동물은 치타예요.
치타는 아시아와 아프리카 일대에서 사는데,
시속 113킬로미터로 달릴 수 있어요.
이 속력은 아무도 따를 수 없답니다.

 캥거루는 왜 배 주머니 속에 새끼를 넣고 다닐까요?

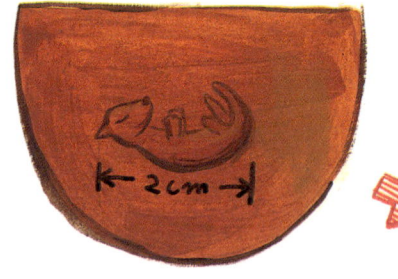

갓 태어난 새끼 캥거루

태어난 지 8주 된 새끼 캥거루

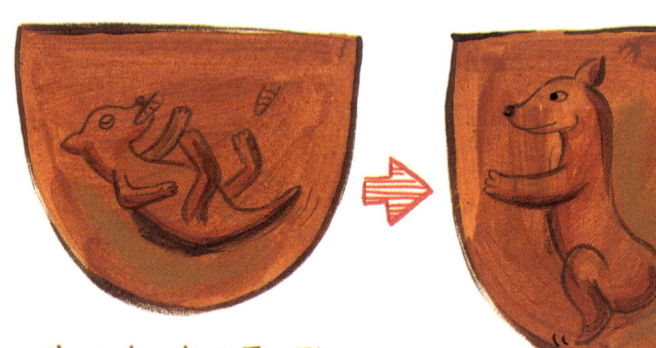

빨리 나가고 싶어.

사람은 태어나기 전 열 달 동안 엄마 뱃속에서 자라요.
하지만 캥거루는 엄마 뱃속에서 자랄 수 없답니다.
캥거루는 태반이 없거든요.
태반은 엄마 뱃속에 있는데, 아기에게 영양분을
공급해 주는 곳이랍니다.

**캥거루는 이 태반이 없기 때문에
아주 작은 새끼를 그대로 낳아 버려요.**
갓 태어난 새끼 캥거루의 크기는 2센티미터
정도랍니다. 너무 작기 때문에 엄마 캥거루의 배
주머니 속에 넣어 두지 않으면 잃어버리기 쉽지요.
엄마 캥거루의 배 주머니 속에는 젖이 있어요.
새끼 캥거루는 배 주머니 속에서 젖을 먹으며
자란답니다.

12 코끼리도 헤엄을 칠 수 있을까요?

코끼리는 육지에 사는 동물 중 가장 큰 동물이에요.
그런데 이렇게 덩치가 큰 코끼리가
바닷물에 빠졌다고 상상해 보세요.
코끼리는 과연 헤엄을 칠 수 있을까요?
그럼요, 코끼리도 헤엄을 칠 수 있답니다.
코끼리는 몸집이 아주 크지만 **물속에서 코를
번쩍 치켜들고 헤엄을 친답니다.** 그리고
얕은 물에서는 느릿느릿 걷다가 헤엄을 치지요.
코끼리는 물을 좋아하는 동물이에요. 그래서
더운 날에는 더위를 식히기 위해 풍덩 물속에 몸을
담그기도 한답니다. 또한 긴 코로 물을 빨아들여
자신의 몸에 뿌려 더위를 식히기도 하지요.

조금 더 알기!

코끼리는 무척 순하고 영리한 동물이에요. 얼마나 영리하냐면, 친구가 죽으면 눈물을 흘릴 정도랍니다. 암컷을 중심으로 무리를 지어 생활하는데, 수컷은 대개 혼자 생활해요. 물로 목욕하는 것을 좋아하고, 목욕을 한 뒤에는 몸에 진흙을 끼얹어 쇠파리나 진드기를 막는답니다.

 물고기의 몸은 왜 미끈거릴까요?

물고기의 몸이 미끄러운 것은 몸에 '점액'이 묻어 있기 때문이에요.
점액은 물고기의 비늘 사이에서 나오는 끈적끈적한 액체랍니다. 물고기의 몸에 이 액체가 묻어 있기 때문에 미끄러워 쉽게 잡히지 않고, 헤엄도 빨리 칠 수 있는 거예요.

14 물고기도 말을 하나요?

말은 사람밖에 하지 못해요. 물고기는 말을 하지 못하지만 **자신들만 아는 소리를 내서 서로에게 신호를 보낸답니다.**

소리는 부레에 달려 있는 근육으로 안쪽에 있는 맥을 떨리게 해서 내지요. 하지만 쥐치나 복어는 이빨을 비벼서 소리를 낸답니다.

물고기들은 소리를 내어 서로 알리는 신호로 이용하거나 적에게 겁을 주기도 해요.

35

15 물고기의 귀는 어떻게 생겼을까요?

물고기의 귀는 물고기의 머릿속 뼈에 붙어 있어요. 그래서 겉으로 드러나 보이지 않아요. 물고기는 몸을 뜨게 하는 부레로도 소리를 들을 수 있답니다.

옆줄을 통하여 물의 깊이, 온도, 흐름, 압력을 느낍니다.

〈물고기의 내부 구조〉

귀새미
아가미
부레

조금 더 알기!

물고기들은 사람보다 더 미세한 음파를 감지하기도 해요. 그래서 사람 귀에는 전혀 들리지 않는 지진파에 민감하여 때로는 지진계보다 더 빨리 반응하기도 한답니다. 특히 메기는 사람의 육감으로는 도저히 감지하지 못하는 지진도 감지하는 것으로 알려졌어요.

어! 지진이다.

16 물고기는 어떻게 숨을 쉴까요?

사람은 산소 호흡기를 달지 않으면 물속에서
오래도록 숨을 쉴 수가 없어요.
그런데 물고기들은 어떻게 물속에서 숨을 쉬며
살 수 있을까요?

**물고기는 물속에서 숨을 쉬기 위해
아가미라는 독특한 기관을 가지고 있어요.**

아가미는 물고기의 머리
부분 양옆에 있어서 숨을
쉴 때마다 움직이지요.
물고기가 숨을 쉬기
위해서는 언제나 아가미에

새로운 물이 흘러야 해요.
물고기는 입을 벌려 물을 빨아들인 뒤 아가미에서
물속에 있는 산소를 걸러 몸속으로 보내고,
아가미를 통해 다시 물을 밖으로 내보낸답니다.

<아가미 구조>

17 코브라는 왜 음악에 맞춰 춤을 출까요?

삐릴릴~ 리~

피리 소리에 맞춰 몸을 흥겹게 흔드는 코브라를 보았나요?

코브라는 음악을 굉장히 좋아하는 것 같지요?

그러나 그렇지 않답니다.

코브라는 물론 모든 뱀은 소리를 듣지 못해요.

그런데 어떻게 피리 소리에 맞춰 춤을 추느냐고요?

그것은 피리 부는 아저씨가 발로 땅을 구르고, 코브라가 들어 있는 바구니를 발로 톡톡 건드리기 때문이에요.

코브라는 땅이 울리고 자신이 들어 있는 바구니가 흔들리기 때문에 성이 나서 대드는 것이랍니다.

18 고양이는 왜 높은 곳에서 떨어져도 다치지 않을까요?

폴짝!

신기하게도 고양이는 높은 곳에서 떨어져도
뒹굴거나 다치지 않아요. 왜 그럴까요?
그것은 고양이 몸속에 균형을 잡는 기관이
발달되어 있기 때문이에요.
그 기관은 고양이의 귓속에 있는데, 고막 안쪽에
있는 '반고리관'이 바로 그것이랍니다.
'반고리관'은 몸의 균형을 바로잡아 주는
작용을 해서 언제나 몸을 바르게 유지시켜 주어요.
안고 있던 고양이를 발 아래로 던져 보세요.
아주 가볍게 땅에 내려서지요?
그러나 일부러 고양이를 던지지는 마세요.
그건 예쁜 고양이를 괴롭히는 일이니까요.

19 낙타의 등에 난 혹은 무엇일까요?

사막을 천천히 걸어가는 낙타를 보았나요?
신기하게도 낙타의 등에는 볼록 혹이 나있지요?
낙타는 며칠 동안 물을 마시지 않고도 사막을
건널 수 있는 동물이에요. 그래서 사람들은
이 혹 속에 물이 들어 있을 거라고 생각하지요.
하지만 낙타의 등에 난 혹 속에는 물이 아니라

혹이 두 개: 쌍봉낙타

기름이 들어 있답니다.
낙타가 물을 마시지 않고도 며칠씩 사막을 지날 수 있는 것은, 낙타의 위가 특이하게 생겼기 때문이에요. 낙타의 위는 세 개랍니다.
그 중 하나의 위가 벌집 모양의 자루와 같이 생겼는데, 이 속에 물이 들어 있어요. 마른 먹이를 먹었을 때 이 위에서 물기가 나오기 때문에 물을 마시지 않고도 며칠씩 견딜 수 있는 거랍니다.

20 물고기는 왜 비늘이 있을까요?

물고기의 몸에는 비늘이 있어요.
비늘은 외부로부터 오는 충격이나
상처로부터 물고기의 몸을 보호한답니다.
마치 사람들이 옷을 입어 체온을 유지하고,
독충으로부터 몸을 보호하는 것과 같지요.
비늘은 벗겨지면 그 자리에
다시 새로운 비늘이
자라난답니다.

조금 더 알기!

비늘이 있는 물고기 종류와 비늘이 없는 물고기 종류 가운데 어느 것이 더 먼저 지구상에 나타났을까요? 정답은 비늘이 있는 물고기 종류랍니다.

21 개나 고양이 같은 동물들도 눈물을 흘릴까요?

사람은 기쁘거나 슬플 때 눈물을 흘려요.
그럼, 동물들도 눈물을 흘릴까요?
동물들에게도 눈물샘이 있어요.
그래서 눈물을 흘리지요.
하지만 동물들이 흘리는 눈물은 사람처럼
기쁘거나 슬퍼서 흘리는 눈물이 아니랍니다.
동물이 눈물을 흘릴 때는 눈에 상처가 났거나,
먼지가 들어갔거나, 또는 눈병에 걸렸을 때랍니다.

동물은 사람처럼 생각을 할 줄 몰라요.
그리고 즐겁다, 행복하다, 기쁘다, 슬프다 같은
감정을 느끼며 생활하지도 않는답니다.
그렇기 때문에 동물이 흘리는
눈물은 기쁨이나 슬픔과는
아무 상관이 없어요.

어- 눈에 먼지가 들어 갔나 봐-

22 올챙이는 어떻게 개구리가 될까요?

동그란 머리에 꼬리만 달린 올챙이를 보세요.
아주 귀엽지요?
올챙이는 개구리가 낳은 알이 자라서 생긴답니다.
**어느 정도 자라면 올챙이의 몸에
뒷다리가 나오기 시작해요.**
뒷다리가 다 나오면 꼬리는 더욱 짧아지고,

그 다음에 앞다리가 나오기 시작하지요.
4개의 다리가 다 나오면 꼬리는 더욱
짧아져 결국에는 없어지고 만답니다.
이제 올챙이가 아니라 개구리가 된 것이지요.
올챙이의 꼬리는 개구리가 되는 동안
다리를 자라게 하는 영양분으로
쓰인답니다.

23 사자와 호랑이! 싸우면 누가 이길까요?

으르렁!!
어흥!!
무시무시한 사자와 호랑이가 싸움을 한다면 누가 이길까요? 두 맹수가 싸움을 한다면 분명히 호랑이가 이길 거예요.
사자는 성질이 온순하고 게으른 동물이지만, 호랑이는 성질이 매우 사납고 부지런한 동물이거든요.
고대 로마 사람들은 이 두 동물의 싸움 경기를 좋아하여 자주 싸움을 시켰어요. 그럴 때마다 대부분 호랑이가 크게 이겼다고 해요.

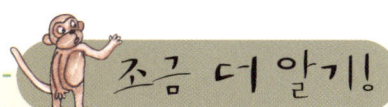 조금 더 알기!

용맹한 동물 호랑이는 사냥을 잘합니다. 사냥을 하지 않을 때에는 뾰족한 엄지발톱을 발톱집 속에 숨기고 다니지요. 특히 앞발이 무서워서 한번 휘두르면 동물들은 꼼짝도 못 한답니다.

 빨간 천을 보면 소는 왜 덤벼들까요?

에스파냐에서는 투우 경기가 흔하게
펼쳐져요. 이때 투우사가
빨간 천을 드는 이유가 궁금하지요?
그것은 관중들에게
자극과 흥분을 주기 위해서랍니다.
소는 색을 구별할 줄
모르기 때문에 빨간 천과
소는 아무 상관이 없어요.
소는 그저 넓은 천이 눈앞에서
너울거리기 때문에 달려들
뿐이랍니다.

신비한 동물의 세계 55

25 귀뚜라미는 왜 가을에 우는 것일까요?

귀뚜라미는 초여름 알에서 깨어나 애벌레가 되고,
한여름에 크게 자라, 가을에
성충(완전히 다 자란 벌레)이 된답니다.
귀뚜라미는 날개를 비벼서 소리를 내는데,
애벌레일 때는 날개가 완전히 자라지 않아서 소리를
내지 못해요. 날개는 늦여름이나 초가을이 되어야
완전히 다 자라기 때문에 가을이 되어야 귀뚜라미의
울음소리를 들을 수 있답니다.
그런데 귀뚜라미는 왜 날개를 비벼 울음소리를
낼까요?

음소리를 내는 귀뚜라미는 수컷이에요.
수컷귀뚜라미는 겨울이 오기 암컷귀뚜라미와

짝짓기를 하여
암컷에게 알을 낳게
하려고 우는 것이랍니다.
즉 귀뚜라미의 울음소리는
암컷을 부르는 소리이지요.

귀뚜루루

26 호랑이의 몸에는 왜 줄무늬가 있을까요?

날쌔고 용감한 숲 속의 왕자 호랑이는
노란색의 몸에 검정 줄무늬를 두르고 있어요.
그래서 다른 동물들의 눈에 잘 띌 것만 같아요.
하지만 신기하게도 그렇지 않답니다.
**호랑이의 멋진 줄무늬는 우거진
숲 속에서 호랑이가 몸을 숨겼을 때
잘 보이지 않게 하는 역할을 한답니다.**
그래서 먹이들의 눈에 잘 띄지 않지요.
호랑이의 노란색과 검정 줄무늬는 호랑이의 몸을
감추어 주는 보호색이거든요.

애벌레
(나방의 유충)

들꿩

카멜레온

조금 더 알기!

보호색은 동물의 색이 주위 환경이나 배경의 빛깔을 닮아서 다른 동물에게 발견되기 어려운 색을 말해요. 나방의 유충은 대부분 초록색으로 푸른 잎에 붙어 있으면 눈에 잘 띄지 않아요. 들꿩의 깃털 색은 여름에는 다갈색, 겨울에는 흰색으로 변해요. 카멜레온도 환경에 따라 재빨리 몸 빛깔이 변한답니다.

27 닭이 날지 못하는 이유는 무엇일까요?

닭에는 날개가 있어요.
그런데 집에서 기르는 닭들은 하늘을 날지
못한답니다. 왜 그럴까요?
그것은 닭의 몸집이 날개에 비해서 무겁고,
날개를 움직이는 힘도 약하기 때문이에요.
하지만 지금도 아프리카 정글에서
사는 닭은 날 수 있답니다.

무서운 동물을 피해

옛날엔 나도 날았다고

사실 맨 처음 닭은 정글에서 살던 새였어요.
그런데 사람이 집에서 기르게 되자,
다른 동물들의 공격을 받을 일이 없어졌고,
먹이를 구하기 위해 날아다닐 필요도 없게
되었어요. 그러자 날개는
점점 약해졌고, 몸도 땅에
서 사는 데 적합하도록
변했답니다.

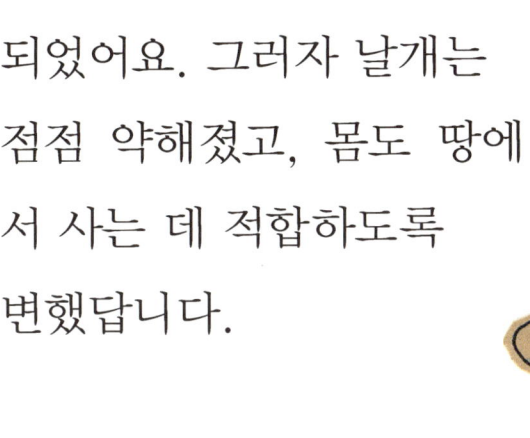

두 번째 이야기

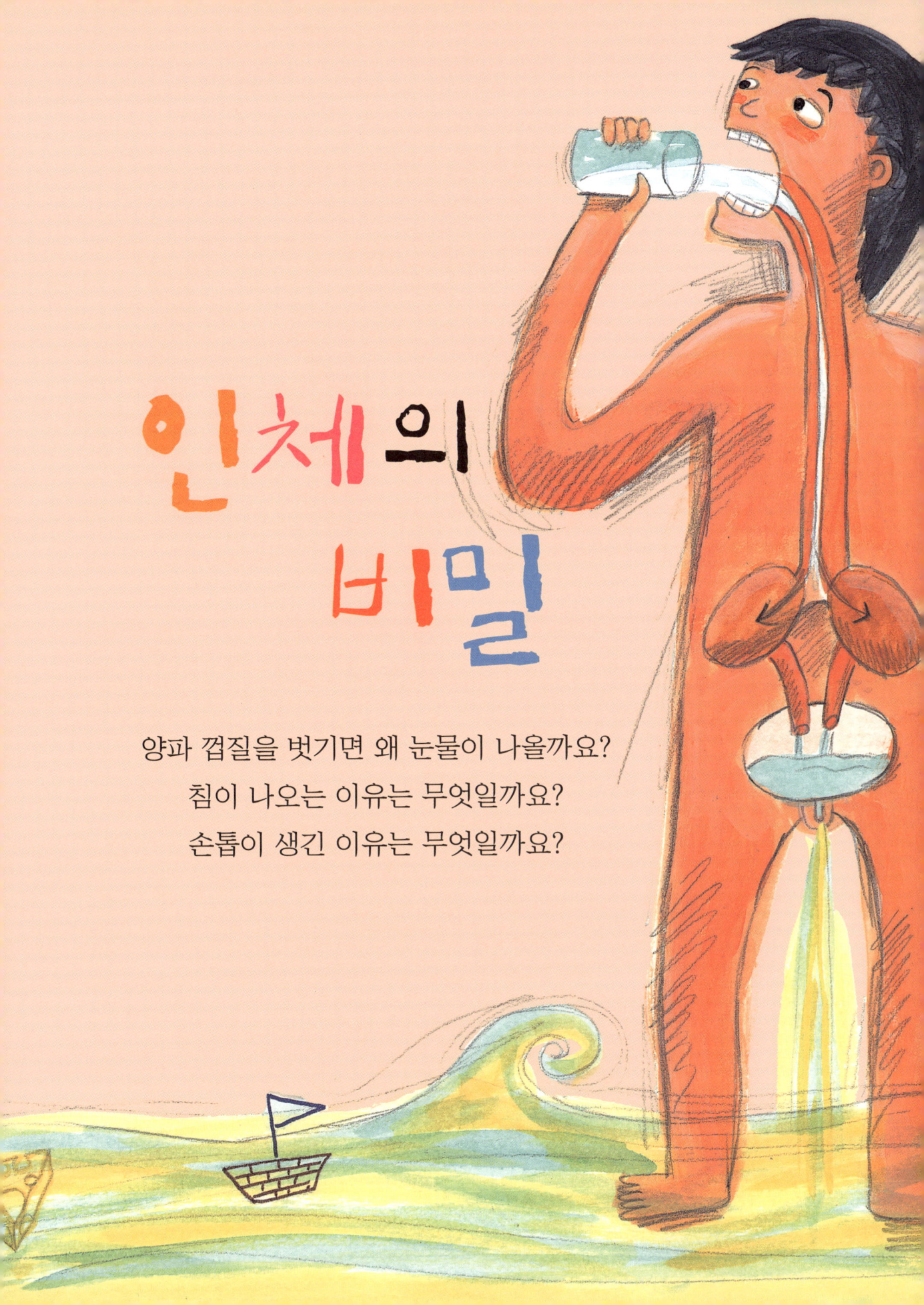

인체의 비밀

양파 껍질을 벗기면 왜 눈물이 나올까요?
침이 나오는 이유는 무엇일까요?
손톱이 생긴 이유는 무엇일까요?

28 양파 껍질을 벗기면 왜 눈물이 나올까요?

양파 껍질을 벗기거나
칼로 썰면 눈이 맵고, 눈물이 나와요.
이것은 양파 속에 매운 냄새를 내는
성분(프로페닐스르펜산)이 들어 있기
때문이에요.
양파를 벗길 때 이 매운 냄새가 공기 속에 퍼져
콧구멍이나 눈물샘을 자극하기 때문에
매운 것이랍니다. 따라서 양파를 물에 담갔다가
물기가 있을 때 껍질을 벗기면, 매운 냄새가
물에 흡수되어 눈이 맵지 않답니다.

조금 더 알기

양파에는 우리 몸에 좋은 여러 가지 비타민과 칼슘이 들어 있어서 혈압이 높은 사람에게 좋아요. 양파는 날것은 맵지만, 익히면 단맛이 나므로 매운 맛이 싫은 사람은 익혀서 먹으면 된답니다.

29 침이 나오는 이유는 무엇일까요?

아이, 맛있어.

침은 입 안에 있는 '침샘'이라는 곳에서
저절로 나오게 되어 있어요.
침은 입 안의 음식물을 골고루 잘
섞어서 맛을 알 수 있게 하고,
소화도 잘 되게 한답니다.
침은 입 속에 음식물이 들어 있지 않아도
조금씩 나와서 입 안을 축축하게 해 주어요.

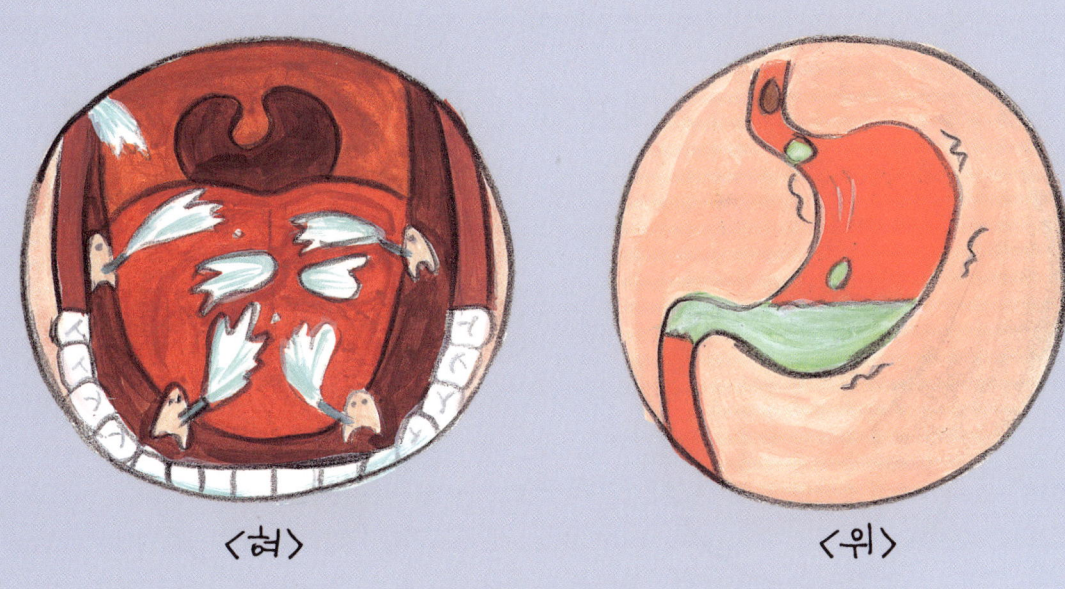

〈혀〉　　　　　〈위〉

30 손톱이 생긴 이유는 무엇일까요?

딱딱하기만 하고 아무런 느낌도 없는 손톱은 어째서 계속 자라며 우리 몸에 있는 것일까요? 손톱은 한마디로 손끝을 보호해 주는 수비대장이랍니다. 손끝이 다치는 것을 막아 주고, 힘을 줄 수 있게 하는 역할을 하지요. 손톱은 눈에 보이지 않는 손톱 뿌리가 살 속에 있어요. 그래서 살 속에서 손톱이 계속 만들어져 밖으로 밀어내지요. 그렇기 때문에 손톱이 자라나면 깎아 주어야 한답니다.

<건강한 손톱>

<몸에 이상이 있는 손톱>

〈손가락 안쪽의 구조〉

조금 더 알기!

손톱은 피부 표면의 각질층이 변화한 것으로 주성분은 단백질이에요. 손톱은 우리 몸의 생물 정보가 모두 들어 있기 때문에, 피부나 머릿결처럼 인체의 건강 상태를 진단할 수 있답니다. 건강한 손톱은 부드럽고 광택이 나며 투명한 분홍색을 띠어요. 그런데 손톱 색이 갑자기 변하거나, 줄무늬가 생기거나, 모양이 일그러진다면 병이 생긴 것이 아닌지 검사를 받아 봐야 한답니다.

31 배가 고프면 왜 뱃속에서 꼬르륵 소리가 날까요?

우리는 음식물을 먹을 때나 침을 삼킬 때
공기까지 삼키고 있어요.
다시 말해서 음식을 삼키지 않아도
공기는 삼키고 있는 것이지요.
빈 뱃속에 공기가 들어가면 위가 움직여요.
위가 움직이면 공기도 이리저리 움직이는데
이때 '꼬르륵' 소리가 난답니다.
한마디로 꼬르륵~ 소리는 공기가 움직이는
소리이지요.

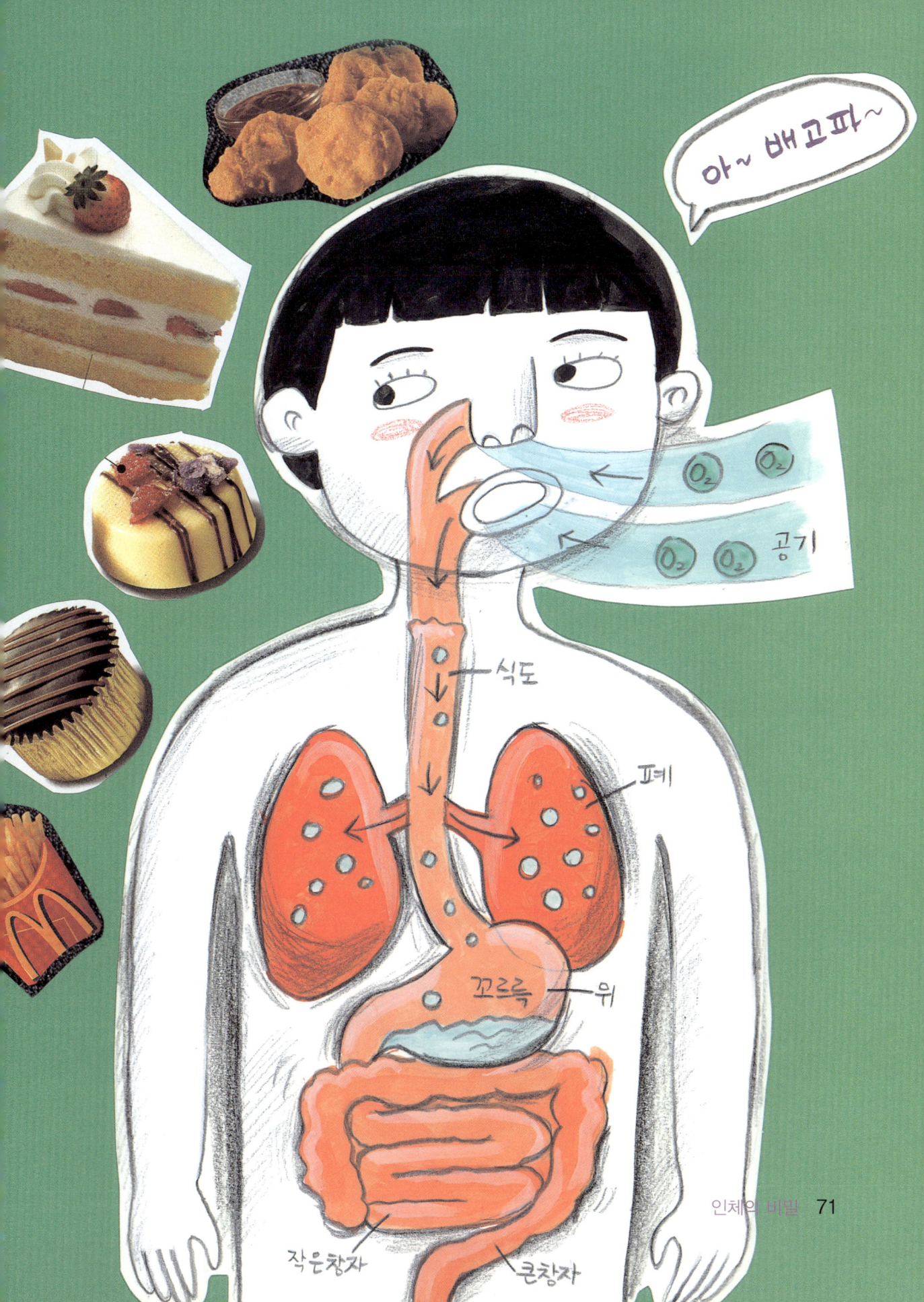

32 걸음을 걸을 때 왜 팔을 흔드는 것일까요?

두 손을 주머니에 넣고 걸어 보세요.

빨리 걷기가 불편할 거예요.

더구나 미끄러운 길을 걸을 때 두 손을

바지 주머니에 넣고 걸으면 넘어지기 쉬워요.

걸음을 걸을 때 팔을 앞뒤로 가볍게 흔드는 것은

몸의 균형을 잡기 위해서랍니다.
균형이 잘 잡히면 안정되게
걸을 수 있거든요.

33 오줌을 누고 나서 왜 몸을 떨까요?

오줌을 누고 나서 몸을 약간 떠는 것은, 오줌을 눌 때 몸의 열기가 몸 밖으로 빠져나갔기 때문에 빠져나간 만큼의 열을 다시 만들기 위해서랍니다. 즉 진저리를 치듯 몸을 떨면 열이 생기기 때문이지요. 수영을 하고 물 밖으로 나왔을 때 몸이 떨리는 것도 바로 이런 이유랍니다.

34 눈썹은 왜 생겼을까요?

거울로 얼굴을 들여다보세요. 눈·코·입,
어느 것 하나 필요하지 않은 것이 없지요?
그런데 눈 위에 나 있는 눈썹은 무슨 역할을 할까요?
눈썹은 이마에 난 땀이 흘러 눈으로
들어가는 것을 막아 주어요.
그리고 눈이 부실 때 이마를 찡그리면 눈썹이
꼿꼿이 뻗쳐서 햇빛을 막아 주지요.
또한 이마에 떨어진 먼지가 눈에 들어오지
않도록 막아 주는 일도 한답니다.

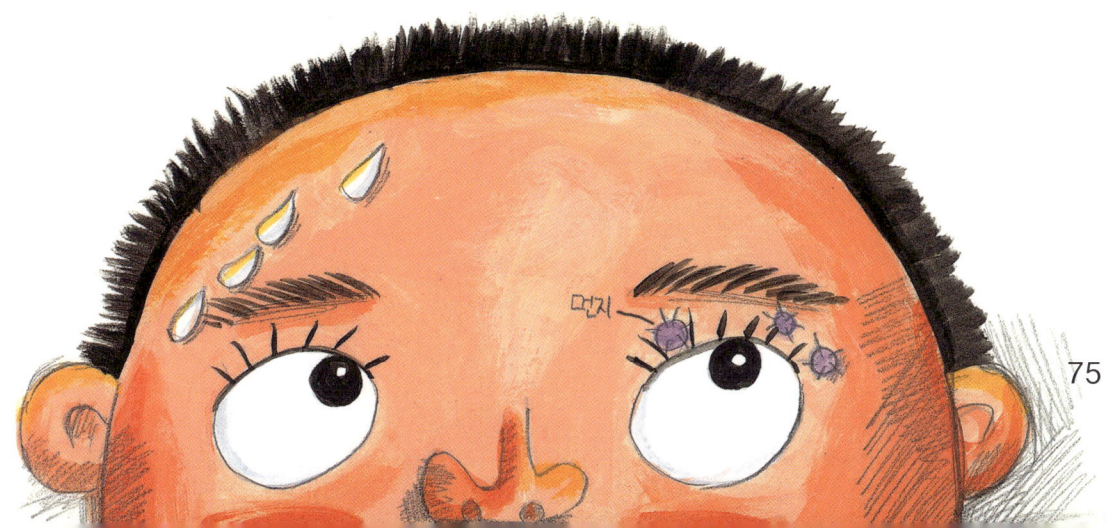

35 물에 손을 담그고 있으면 왜 손이 쭈글쭈글해질까요?

목욕탕에서 오랫동안 물장난을 하고 나왔더니
손이 쭈글쭈글해졌어요. 왜 이렇게 되었을까요?
오랫동안 손을 물에 담그고 있으면,
피부 표면에 물이 스며들어서 붓게 돼요.
즉 겉피부는 늘어나서 넓이가 넓어지는데,
피부 안쪽은 늘어나지 않고
그대로 있게 되지요.

아~시원하다~

이렇게 피부 표면은 크게 퍼지려 하는데, 피부 안쪽은 그대로이기 때문에 서로 맞지 않아서 쭈글쭈글해지는 것이랍니다.

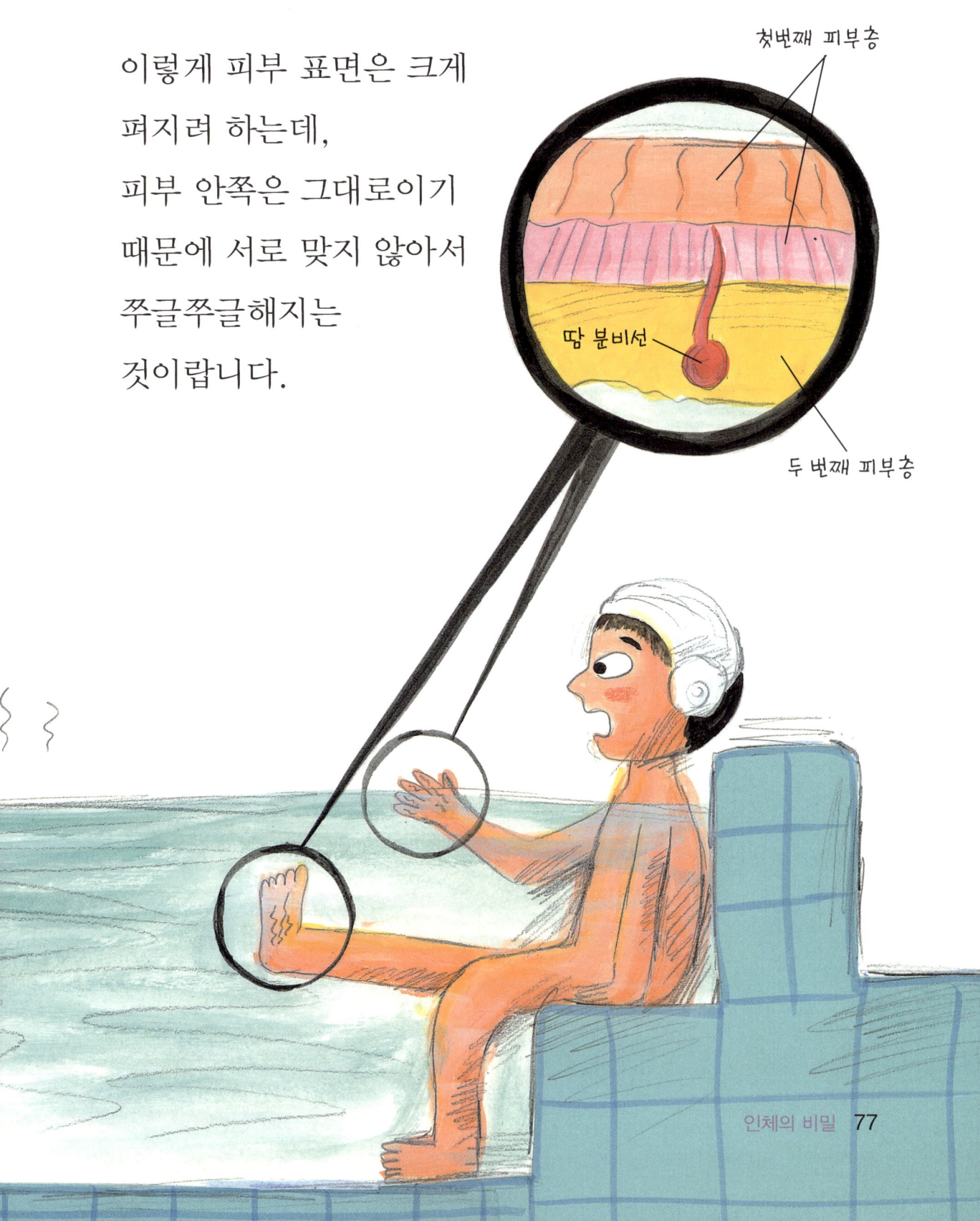

36 무릎을 꿇고 앉아 있으면 왜 다리가 저릴까요?

우리나라는 나이 어린 사람이 웃어른 앞에 앉을 때는 먼저 무릎을 꿇고 앉는 것이 예의랍니다.
그런데 무릎을 꿇고 오래 앉아 있으면 다리가 저려요. 왜 그럴까요?
그것은 우리 몸을 흐르는 피의 흐름이 나빠졌기 때문이에요.
서 있거나 편하게 앉아 있으면 피가 잘 흐르기 때문에 다리가 저리지 않아요. 그러나 다리를 꼬거나 무릎을 꿇고 앉아 있으면 다리가 눌려서 피가 잘 흐르지 못하게 되지요. 그러면 다리가 저리게 된답니다. 이럴 때는 가볍게 주물러 주세요. 그러면 저린 증상이 없어진답니다.

 지문은 왜 있는 것일까요?

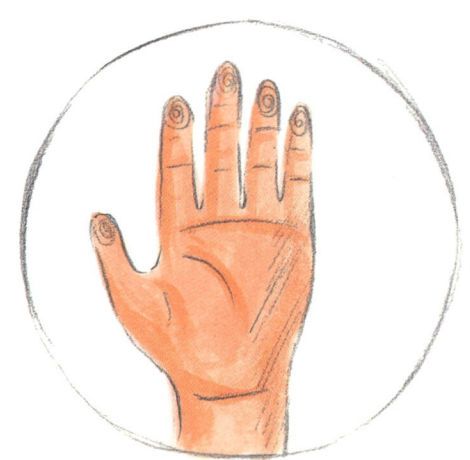

〈손바닥 지문〉

손바닥을 자세히 보면 손가락 끝 쪽에 가는 금이 둥그스름하게 그어져 있어요. 바로 '지문'이에요. 지문은 사람마다 모양이 다르게 생겼답니다. **지문은 물건을 쥘 때 미끄러지는 것을 막아 주고, 무엇을 만졌을 때 느낌을(촉감) 구별해 주는 일을 해요.** 어두운 곳에서 물건을 만졌을 때 그것이 무엇인지 알 수 있는 것은 바로 지문 때문이에요. 지문은 손으로 물건을 쥐는 동물에게는 모두 있어요. 그래서 고릴라·침팬지·원숭이 등의 손에도 지문이 있답니다.

어? 나도 지문 있어!

조금 더 알기!

지문은 태어날 때 생긴 모양이 평생 변하지 않으며, 사람마다 모양이 제각기 달라요. 한마디로 전 세계 사람 모두가 지문이 다르답니다. 그래서 지문은 개개인을 식별하는 데 이용되고 있어요. 대표적으로 범죄 수사에서 지문을 통해 범인을 밝혀내기도 한답니다.

인체의 비밀

 # 채소를 먹지 않으면 병에 걸릴까요?

혹, 어린이 여러분 중에 고기만 먹는 사람이 있나요?
김치나 나물 같은 채소는 먹지 않는 어린이 말이에요.
만약 전혀 채소를 먹지 않고 고기나 생선만 먹는다면
병에 걸린답니다.
고기나 생선에 들어 있는 영양소는 채소에도

난 고기가 좋아.

들어 있지만, 채소에 들어 있는 영양소 중에는
고기와 생선에는 들어 있지 않고,
오직 채소에만 들어 있는 것이 있거든요.
그렇기 때문에 채소를 먹지 않으면 병에 걸린답니다.
또 **채소에는 소화를 잘 되게 하는 섬유소가
들어 있어서 소화에 아주 중요하답니다.**
소화가 안 되면 맛있는 음식도 먹을 수 없잖아요.

39 갓난아기는 왜 이가 없을까요?

태어난 지 얼마 안 되는 갓난아기는
엄마의 젖을 먹어요.
젖은 아기가 병에 걸리지 않도록 영양분이
많이 들어 있고, 소화도 잘 되지요.
이렇게 아기는 아직 밥이나
반찬을 먹지 않아도 되기
때문에 이가 없는
것이랍니다.

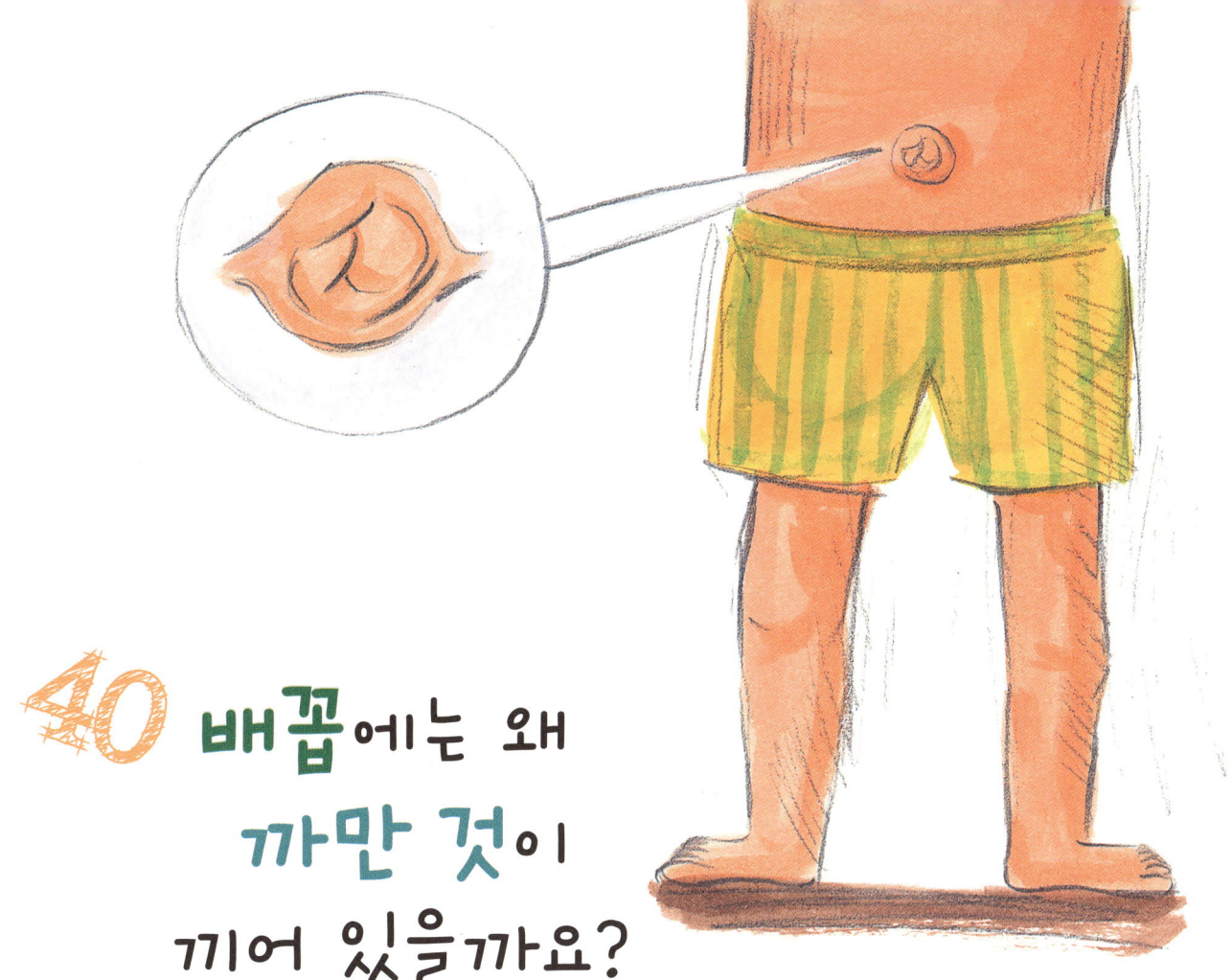

40 배꼽에는 왜 까만 것이 끼어 있을까요?

배꼽을 보면 까만 것이 끼어 있을 거예요.
이것은 배꼽의 주름에 쌓인 먼지나
때가 굳어진 것이랍니다.
억지로 손으로 떼어 내지 말고 목욕할 때 비누칠을
해서 수건으로 문질러 씻어 주세요.

인체의 비밀

41 키는 언제까지 자라는 것일까요?

키가 자라는 것은 몸속에 키를 크게 하는
성장 호르몬이 있기 때문이에요.
이 호르몬은 우리들의 키가 자라도록 도와주는데
스물두 살쯤 되면
더 이상 나오지 않는답니다.
그러면 우리 몸은 더 이상 자라지 않게 되지요.
만약 이 호르몬이 죽을 때까지 나온다면
사람들의 키는 엄청나게 클 거예요.
그러면 어떤 일이 생길지 한번 생각해 보세요.

42 물구나무서기를 하고도 먹을 수 있을까요?

사람은 물구나무서기를
하고도 밥을 먹을 수 있어요.
입 속에 밥이 들어가면
식도가 꿈틀거려 밥을
위로 내려 보낸답니다.
우리 몸은 이렇게 신비하지요.

43 머리를 많이 때리면 머리가 나빠질까요?

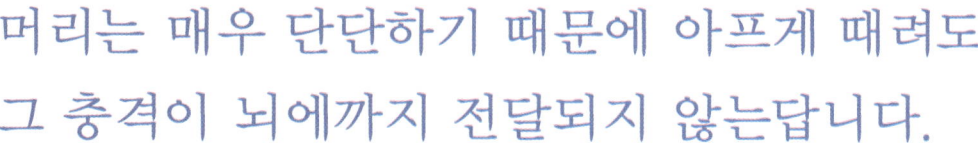

머리는 많이 때려도
나빠지지 않아요.
머리는 매우 단단하기 때문에 아프게 때려도
그 충격이 뇌에까지 전달되지 않는답니다.
그렇다고 해서 친구나 동생의 머리를
함부로 때려서는 안 되겠지요?

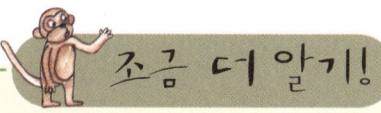 조금 더 알기!

사람이 태어났을 때 뇌 무게는 400g 정도예요. 20살 정도까지 발달하여
비로소 완성되었을 때는 남자가 1,400g, 여자가 1,250g 정도 되지요.
참, 뇌의 무게는 지능이나 성격과는 아무 관계가 없답니다.

하품을 하면 왜 눈물이 날까요?

하품을 맘껏 '하~' 하고 나면
눈가에 눈물이 납니다.
왜 그럴까요?
그 이유는
하품으로 인해서
얼굴의 근육이
눈언저리에 있는
눈물주머니를
누르기 때문이에요.

아~ 졸려~

눈물은 매일 적은 양이 흘러 나와 안구를
닦아 주고 있어요. 이 눈물이 눈물주머니에
고여 있다가 하품을 할 때 얼굴 근육이
눈물주머니를 누르면 흘러 나오는 것이지요.

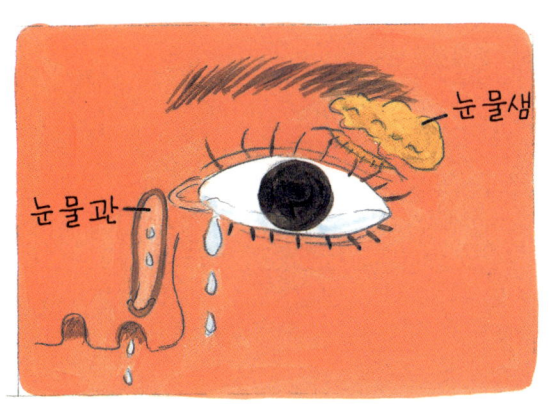

칼을 가지고 장난하다 그만 손을 베고 말았어요.
그러면 베인 곳에서 빨간 피가 나오지요?
몸속에 피가 없다면 사람은 살 수가 없어요.
우리 몸에는 온몸에 영양분과 산소를 나르기 위해서 굵은 핏줄에서 갈라진 가는 실핏줄이 많이 있답니다. 이 실핏줄이 베이거나 해서 끊어지면 이곳을 지나가던 피가 밖으로 나오게 돼요.
바로 피가 나는 것이지요.
조금 다친 상처는 그대로 두면 피가 굳어져서 낫게 된답니다.

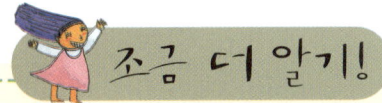

조금 더 알기

살다 보면 상처를 입어 피가 새어 나오는 일이 많아요. 그럴 때마다 피가 멈추지 않는다면 생명은 위험해지게 되지요. 다행히 피는 혈관 밖으로 나오면 젤리처럼 굳어지게 되어 있어요. 이를 '혈액 응고'라고 하지요. 만일 피에 이러한 작용이 없다면 우리는 많은 피를 흘리게 되어 죽게 된답니다.

46 눈곱은 왜 밤에 생길까요?

눈은 쉬지 않고 눈물샘에서 눈물을 내보내
눈이 마르지 않게 해요.
눈을 깜박거릴 때마다 눈물이 눈 전체에 발라지는데,
이때 눈에 붙어 있던 아주 작은 먼지들은

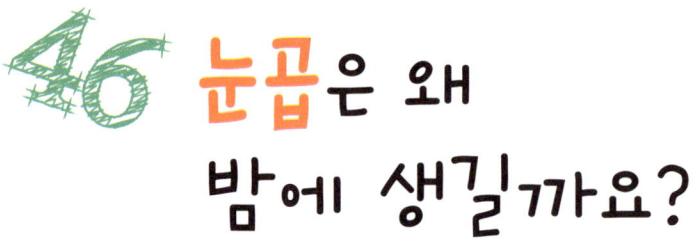

눈물에 섞여 눈꺼풀에 밀려서 아래로 내려온답니다.
그리고는 눈물관을 지나서 콧속으로 버려지지요.
그런데 밤에 잠이 들면 눈꺼풀은 깜박이지 않고
그대로 있게 돼요. 그러면 **눈에서 나온 눈물은
아주 천천히 아래로 모이게 되는데, 그 동안에
물기가 말라 버려 굳어져서 눈곱이 된답니다.**

 밥은 몇 번 씹어서 삼키는 것이 좋을까요?

밥은 꼭꼭 씹어서 먹어야 해요.
그래야 소화가 잘 된답니다.
보통 20번 정도 씹어서 먹는 것이 좋아요.
이렇게 꼭꼭 씹어서 먹으면 음식물에 침이 골고루
섞이게 돼요. 침은 소화가 잘 되게 하고
독성을 없애 준답니다.

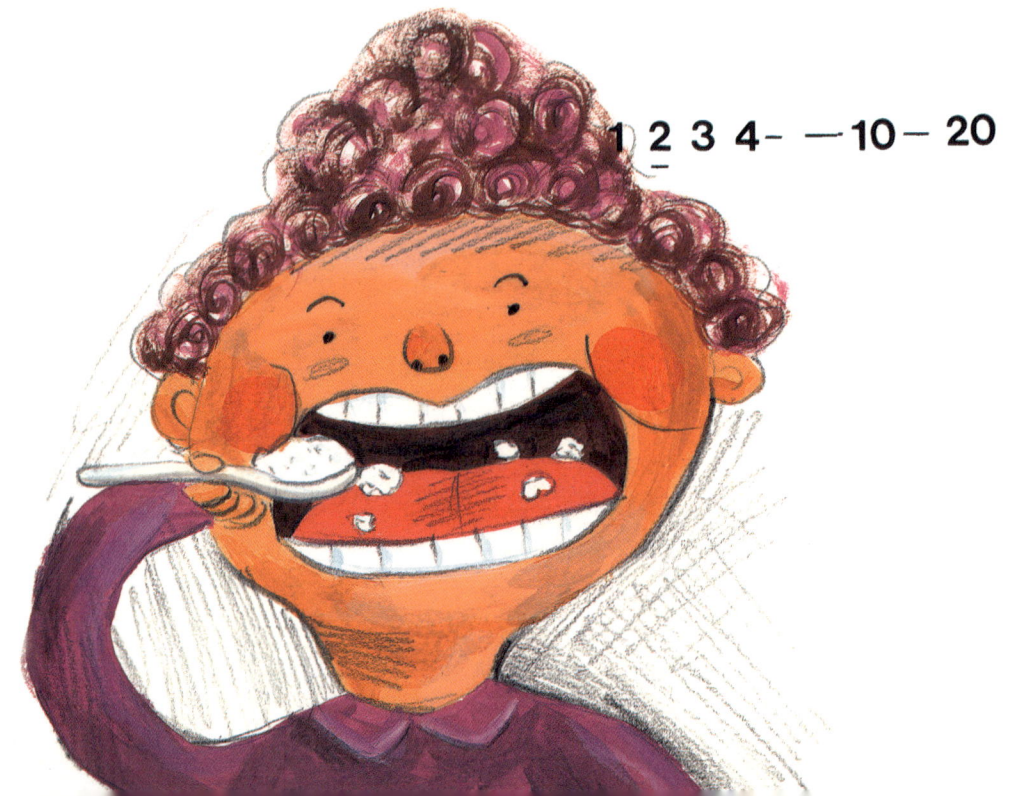

조금 더 알기!

침에는 비타민, 효소 등이 들어 있고 아주 적은 양이지만, 입 안의 박테리아 번식을 막는 성분도 들어 있어요. 그래서 침이 많이 나오면 침을 삼키는 횟수도 많기 때문에 입 안의 박테리아 수를 줄이는 데 효과가 있답니다.

인체의 비밀 97

 맴맴 돌고 나면 왜 어지러울까요?

빙글빙글 돌다가 멈추어 보세요.
어때요? 잘 설 수 없죠? 어지러워서 쓰러질 거예요.
이것은 우리 몸의 균형을 잡아 주는
'반고리관'의 작용 때문이에요.
반고리관은 귓속에 들어 있는데, 우리가 걸어갈 수 있도록 몸의 균형을 잡아 주는 일을 한답니다. 또한 우리가 개구리헤엄을 칠 때 엎드린 상태가 편안하도록 균형을 잡아 주는 일도 하지요. 몸을 빙글빙글 돌면 귓속에 있는 반고리관도 함께 빙글빙글 돌게 돼요. 그러다 몸을 멈추면 반고리관도 동시에 멈춰야 하는데 그렇지 못하고 조금 더 돌다가 멈춘답니다. 그래서 맴맴 돌고 나면 어지러움을 느끼게 되는 거예요.

〈귀의 내부 구조〉

49 재채기가 나오는 이유는 무엇일까요?

에~취!

별안간 터져 나오는 재채기!

재채기는 콧속에 있는 자극 물질이나 공기 중의 나쁜 물질을 제거하기 위해서 나오는 거예요. 자극 물질이 코 안에 있는 신경 세포를 자극하면 뇌에서 자극 물질을 제거하라는 명령을 내려요. 그러면 뇌 안의 다른 뇌가 늑골이나 횡격막 같은 호흡 근육에 제거 명령을 내린답니다.

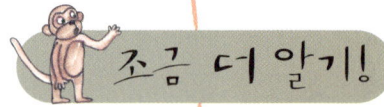

재채기는 콧물, 한기, 악취 등이 원인이 되어 생기기도 하지만, 갑자기 강한 빛을 보았을 때 눈에 자극이 되어 눈물이 나오고, 이 눈물이 콧속으로 흘러들어가 콧속의 비점막이라는 곳을 자극하여 나오기도 해요. 그러므로 코에 나쁜 물질이 들어갔을 때는 태양이나 환한 전등불을 갑자기 쳐다보아 눈물이 나오도록 하여 재채기를 하면 코에 들어간 나쁜 물질을 빼낼 수 있답니다.

그러면 재채기를 하게 되고, 이때 자극 물질이 밖으로 나오게 돼요.

50 밥은 어떻게 먹어야 소화가 잘 될까요?

냠냠 쩝쩝!
밥을 먹을 때는 밝은 마음으로 즐겁게 먹어야
소화가 잘 돼요. 즐거운 마음으로 밥을 먹으면
우리 몸 속에 있는 위(밥이 들어가 있는 곳)에서
소화를 잘 되게 해 주는 위액이
많이 나와요. 그러나
찌푸린 얼굴로 밥을 먹으면
위액이 적게 나와 소화가
잘 안 된답니다.
이제부터 음식을 먹을
때는 즐겁게 이야기를
하면서 먹도록 하세요.

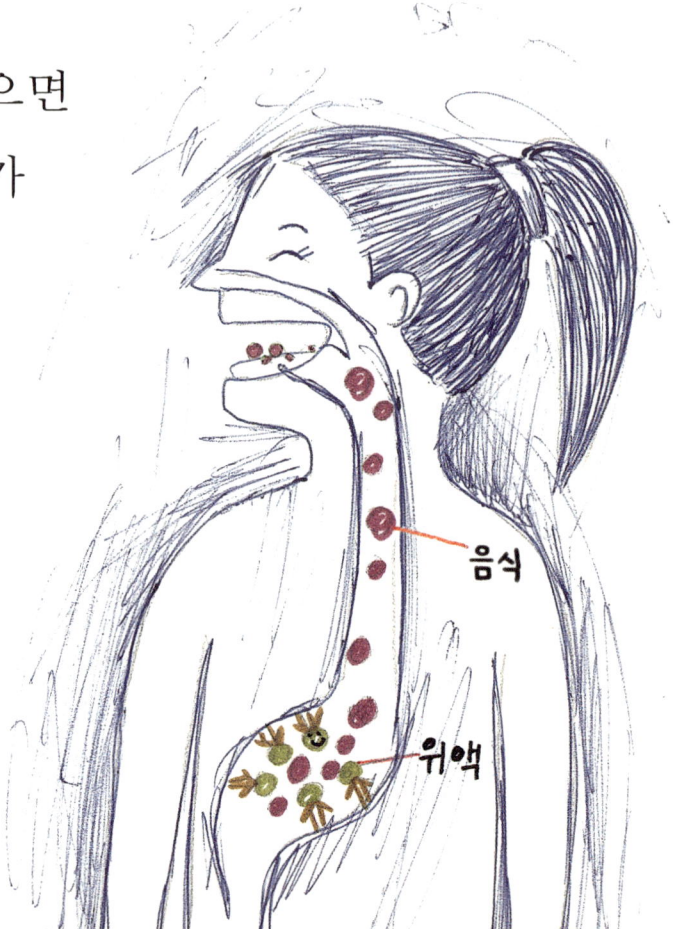

 우리 몸에서 주름이 가장 많은 곳은 어디일까요?

우리 몸에서 주름이 가장 많은 곳은 입술이랍니다.
입술은 말을 하고 음식을 먹을 때 사용하는 곳으로,
주름이 없다면 활발하게 사용하지 못해요.
입술에 있는 많은 주름은 입술이 오므라들고
벌어지는 데 크나큰 역할을 한답니다.

52 속눈썹은 왜 있을까요?

속눈썹이 없다면 어떨까요?
참 보기 흉하겠죠?
속눈썹은 눈을 보호하기 위해 있어요.
**만약 이물질이 눈에 들어오려 한다면
속눈썹이 이것을 막아 준답니다.**
속눈썹은 아래보다 위쪽에 더 많이 나 있어요.
길이도 아래보다 위쪽이 더 길지요.
속눈썹은 하루에 0.218밀리미터씩 자라며,
머리카락처럼 빠지고 새로 나는 과정을 되풀이해요.
그리고 한번 생긴 속눈썹은
다섯 달에서 여섯 달 동안 자란답니다.

세 번째 이야기

53 구름은 어떻게 생길까요?

푸른 하늘에 두둥실 떠가는 구름을 보았지요?
어때요? 솜사탕처럼 아주 부드러워 보이지요?
그런데 저렇게 예쁜 구름은 어떻게 생기는 것일까요?
공기 속에는 우리 눈에는 보이지 않는
아주 작은 물방울들이 떠다니고 있어요.
**이 작은 물방울들이 모이고 모여
구름이 되는 것이랍니다.**
주전자에 물을 넣고 끓여 보세요.
하얀 김이 나오죠?
김은 바로 작은 물방울들이에요.
이러한 물방울들이 하늘에 올라가
뭉쳐 모여 있는 것이 구름이랍니다.

조금 더 알기!

구름은 모양이 여러 가지예요. 구름 모양으로 날씨를 예상할 수 있답니다. 푸른 하늘에 높이 떠 있는 새털구름은 날씨가 맑아질 징조이며, 하늘에 동글동글 덩어리져 떠 있는 양떼구름은 폭우가 쏟아질 징조예요. 또 안개처럼 땅 위에 가장 가까이 층을 이루는 층운이 보이면 이슬비가 내리고 가벼운 눈발이 날리며, 잿빛이나 푸른색으로 층을 이루어 하늘을 덮는 고층운이 생기면, 비가 내리지요. 온 하늘을 뒤덮은 엷고 흰 면사포 모양의 권층운이 생기면 습한 날씨가 된답니다.

54 비는 왜 내릴까요?

비는 하늘에서 내려요.
하늘에는 비가 모여 있는 커다란 강물이라도
있는 걸까요?
하늘 어느 곳에도 비가 모여 있는 강은 없어요.
비는 구름 속에서 내리는 것이랍니다.
구름은 작은 물방울과 얼음 알갱이가
모여서 된 것이에요.
이 알갱이들이 모여 커지면 아래로
떨어지는데, 이것이 바로 빗방울이에요.

물방울
수증기

그런데 비가 선처럼 내린다고요?
이것은 물방울들이 연이어 빨리 떨어지기 때문에
그렇게 보이는 것이랍니다.
만약 비가 하늘이 아니라 땅에서 나온다면,
어떨까요? 생각해 보세요.

55 바닷물은 왜 짤까요?

바닷물은 맛이 짜요.
소금이 녹아 있기 때문에 그렇답니다.
그럼, 소금은 어떻게 바다 속에 녹아 있을까요?
맨 처음 지구가 생겼을 때는 나무도 동물도 풀도
사람도 없었어요. 화산은 계속 폭발을 하였고,
매일매일 많은 비가 내렸어요. 그리하여 물은 낮은
곳으로 흘러 바다를 이루었답니다.
바다를 이룰 때 빗물은 땅 속에 있는 소금을 녹여

바다로 흘러 들어갔어요.

햇볕이 내리쬐면 바닷물은 햇볕에 말라 소금만
바다에 남기고 수증기가 되어 하늘로 올라갔어요.
그리고 비가 오면 다시 빗물이 땅 위를 흘러
소금을 바다로 운반했지요.
이와 같은 과정이 오랫 동안 되풀이되자 바닷물은
짜게 되었답니다.

바닷물을 태양열로 말리면 하얀 소금이 생겨요. 바닷물을 가두는 공간을 만들고 그 안에 바닷물을 가둔 뒤 15일쯤 지나면 바닥에 소금이 생기게 되지요. 이것을 한데 모아서 물기를 뺀 것이 우리가 볼 수 있는 소금이랍니다.

신비한 자연 현상

56 하늘의 별은 모두 몇 개일까요?

하늘에 떠 있는 별은 우리가 눈으로 볼 수 있는 것만 약 6천 개예요.
눈에는 보이지 않지만 망원경으로 볼 수 있는 별과 아직 보이지 않는 별도 있기 때문에 몇 개라고 정확하게 말할 수는 없답니다. 그래서 그저 아주 무수히 많다고 할 수밖에 없어요.

57 파도는 왜 생길까요?

하얗게 부서지는 파도는
바람 때문에 생겨요.
때로는 바다 밑에서 화산이 폭발하거나 지진이
생겨서 아주 거친 파도가 생기기도 하지요.
그리고 바다의 흐름에 의해서 파도가 생기기도 해요.

파도 타기 재밌다.

 이슬은 어떻게 생기는 걸까요?

여름날 아침에 풀잎을 보면 하얀 물방울이
맺혀 있는 것을 볼 수 있어요.
이것을 이슬이라고 한답니다.
이슬은 하늘에서 내렸을까요? 아니에요.
따뜻한 공기가 차가운 물체에 닿으면 물방울이
생기는데, 이것이 바로 이슬이에요.

따뜻한 공기 + 차가운 잎 = 이슬

조금 더 알기!

이슬은 수증기가 많이 증발되는 호수나 하천 부근에서 잘 맺혀요. 이슬은 양은 많지는 않지만 식물에게는 고마운 존재랍니다. 특히 물이 많지 않은 사막에서는 식물이 자라는 데 큰 공헌을 하지요.

59 안개는 무엇일까요?

안개는 구름과 같은 것이에요.
앞에서 구름이 어떻게 생기는지 알아봤지요?
구름은 하늘 높이 떠 있지만, 안개는
땅이나 바다 가까이에 떠 있어요.
안개가 너무 짙게 끼면 앞이 잘 보이지 않기 때문에
차 사고가 나기 쉬워요. 또 하늘에 낮게 낀 안개는
비행기가 나는 데 방해가 되기도 한답니다.

안개 때문에 앞이 잘 안 보여.

60 물은 색깔이 있을까요?

그림을 그릴 때 바다나 강을 무슨 색으로 칠하나요?

대개 파란색으로 물을 나타내죠?

그럼, 물은 파란색일까요?

컵에 담아 놓은 물을 보세요.

색깔이 있나요? 없지요?

물은 색깔이 없고 투명하답니다.

그런데 바다나 강물이 파랗게 보이는 것은

푸른 하늘이 강물이나 바닷물에

비쳐 보이기 때문이랍니다.

61 태양과 달, 어느 것이 더 멀리 있을까요?

하늘에서 반짝이는 태양은 로켓을 타고 가면 닿을 수 있는 아주 먼 곳에 있어요. 그런데 태양과 달은 보기에 크기가 비슷하지요?

사실은 태양이 달보다 훨씬 크답니다.
단지, 달보다 더 먼 곳에 있기 때문에
작아 보이는 것이에요.
이것은 가까운 곳에 있는 것은 크게 잘 보이지만
먼 곳에 있는 것은 작게 보이는 것과 같은
이치랍니다.

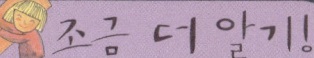 조금 더 알기!

태양은 지구처럼 딱딱한 껍질을 가진 것이 아니라 전체가 높은 온도의 뜨거운 기체로 이루어져 있어요. 모양은 공처럼 둥근 모양이지요. 인류가 이용하는 에너지의 대부분은 태양에서 나오는 것이랍니다. 수력, 풍력도 태양이 있어야 생기고요, 나무, 석유, 석탄 등은 모두 태양열을 저장한 것이랍니다.

62 천둥과 번개, 어느 것이 더 빠를까요?

여름에는 비가 자주 와요. 비가 오면서 어떤 때는 하늘에서 우르르 꽝! 하고 천둥이 치기도 하고, 번쩍번쩍! 번개가 치기도 하지요. 그런데 천둥과 번개는 사람에게 전달되는 속도가 다르답니다. 좀 어려운 얘기죠?
쉽게 말하면 천둥이 울려서 귀로 듣는 시간과 번쩍! 하는 번개를 보는 시간이 다르다는 얘기예요.
사실 천둥과 번개는 언제나 동시에 발생해요. 그런데 천둥 소리보다 번개가 더 빨리 사람에게 전달 된답니다.
그래서 천둥 소리를 듣기 전에 번개를 먼저 보게 되는 거지요.

악!~ 사람 살려!

신비한 자연 현상

63 눈은 어디에서 생겨 떨어질까요?

차가운 공기

하늘에서 떨어지는 하얀 눈은 구름에서
떨어져 내리는 것이랍니다.
구름이 찢기어 떨어져 내리는 것이지요.
**구름이 차가운 공기를 만나면 희고 작은
얼음 알갱이가 되고, 얼음 알갱이가
무거워지면 땅으로 떨어져 내린답니다.**
추운 겨울이 되면 눈은 자주 내려요.
하얀 눈이 오면 눈사람을 만들고 눈싸움도
할 수 있어서 좋지요.
그러나 매일 내린다면 길이 막히고,
나뭇가지 위에 쌓인 눈이 무거워
나무들도 힘이 들겠지요?

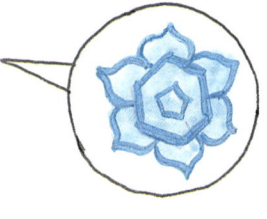

조금 더 알기!

눈은 대개 육각형 모양이지만, 나뭇가지나 바늘, 부채 등 다양한 모양을 하고 있어요. 이렇게 모양이 다른 것은 눈이 만들어지는 높이에 따라 기온과 수증기 양이 다르기 때문이랍니다.

신비한 자연 현상

네 번째 이 야 기

식물 이야기

양파는 뿌리일까요? 잎일까요?
식물도 혈액형이 있을까요?
씨앗에 물을 주면 왜 싹이 틀까요?

64 양파는 뿌리일까요? 잎일까요?

껍질을 벗기면 매운 냄새가 나는 양파는 여러 겹의 잎이 둥그렇게 뭉쳐서 생긴 거예요.
그렇기 때문에 뿌리가 아니고 잎이랍니다.
땅속에서 자란다고 뿌리라고 생각해서는 안 돼요.

조금 더 알기!

매운 냄새가 나는 식물로 마늘이 있어요. 마늘도 땅속에서 자라지요. 그럼, 마늘은 뿌리 식물일까요? 아닐까요? 마늘은 뿌리 식물이랍니다. 양파와 비슷하다고 혼동하지 마세요.

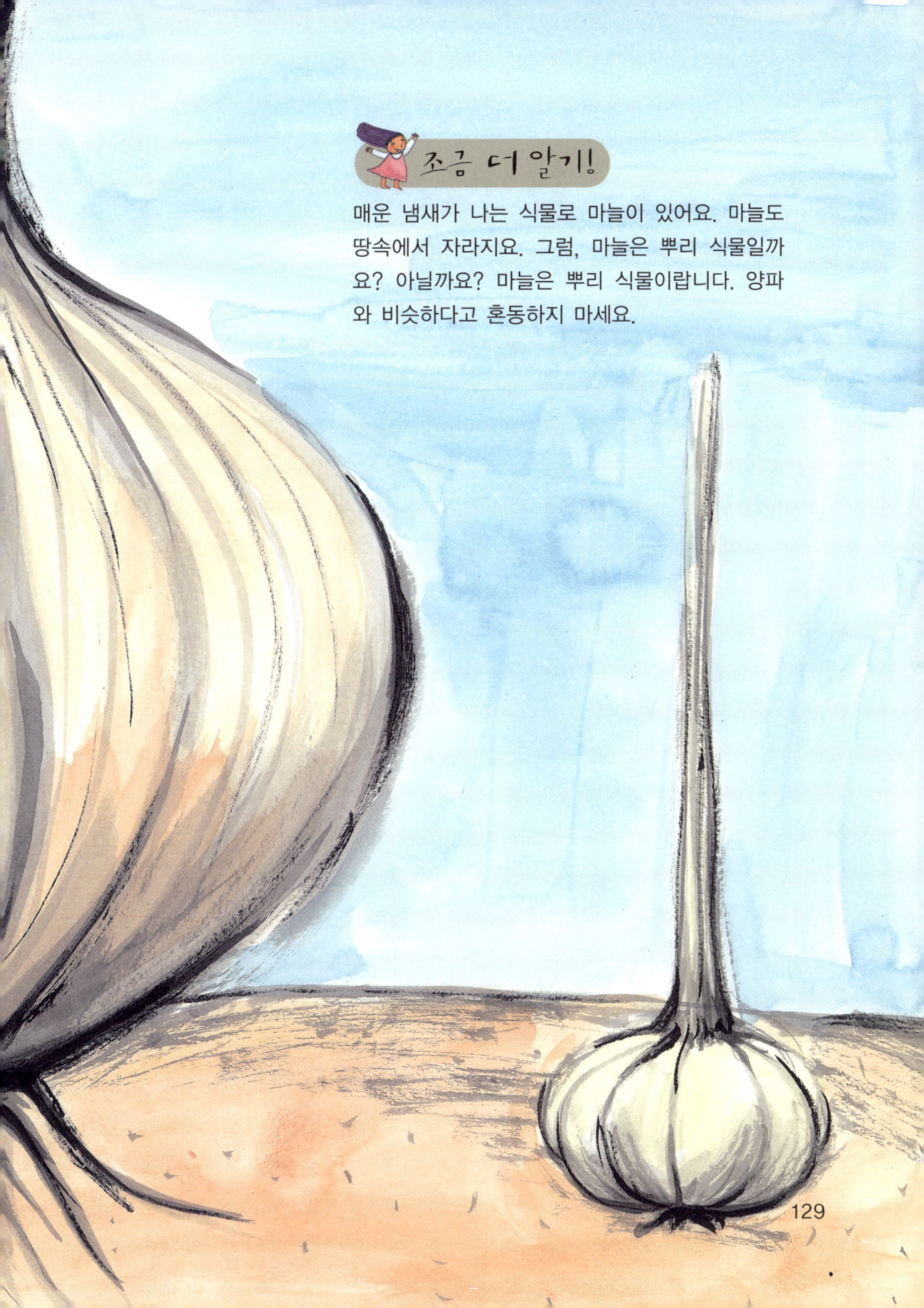

65 식물도 혈액형이 있을까요?

혈액형이란 사람의 피를 몇 가지 유형으로
나눈 것을 말해요.
혈액형은 크게 A형, B형, O형, AB형이 있어요.
그럼, 식물은 어떨까요? 식물도 혈액형이 있을까요?
식물의 혈액형은 대개 O형이랍니다.
AB형, B형도 있는데, A형은 아직 발견되지
않았어요.
사과 · 호박 · 양배추 · 배 등은 O형이고,
메밀 · 포도 등은 AB형이랍니다.

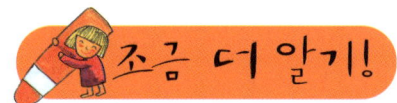 조금 더 알기!

사람의 혈액형을 발견한 사람은 미국의 병리학자 칼 랑드슈타이너예요. 그는 1910년 사람의 피를 A, B, O(제로) 세 가지로 분류하였어요. 그다음 해 데카스트로와 스토우릴이 AB형을 발견하였지요. 처음에 0은 반응이 없다는 의미에서 붙인 이름이었어요. 그런데 혈액형에 관한 지식이 세계적으로 퍼져 나가면서 0이 알파벳 O로 잘못 표기되어 O형이라는 이름으로 퍼지게 되었답니다. 1927년 이 4가지 분류 방식을 국제 연맹의 전문위원에서 공식적인 혈액형으로 인정하여 지금까지 쓰이고 있어요.

66 씨앗에 물을 주면 왜 싹이 틀까요?

땅에 씨앗을 뿌리고 물을 주면 싹이 터서
새싹이 돋아나요.
하지만 물기가 없는 마른 땅에 씨앗을 뿌리고,
물을 주지 않으면 싹은 돋아나지 않아요.
모래만 있는 사막을 보세요. 풀 한 포기,
나무 한 그루 자라지 않지요?
씨앗은 물을 먹으면 잠에서 깨어난답니다.
**씨앗 속에는 새싹이 자라날 수 있는
생명이 들어 있기 때문이에요.**
그런데 생명이 잠에서 깨어나기 위해서는 물도
있어야 하지만, 따뜻한 온기도 있어야 한답니다.
적당한 물과 온기를 받으면 씨앗은 싹을 틔워요.

67 식물은 어디로 영양분을 먹을까요?

사람이나 짐승은 입으로 음식을 먹어야 에너지를 얻어 살 수 있어요.

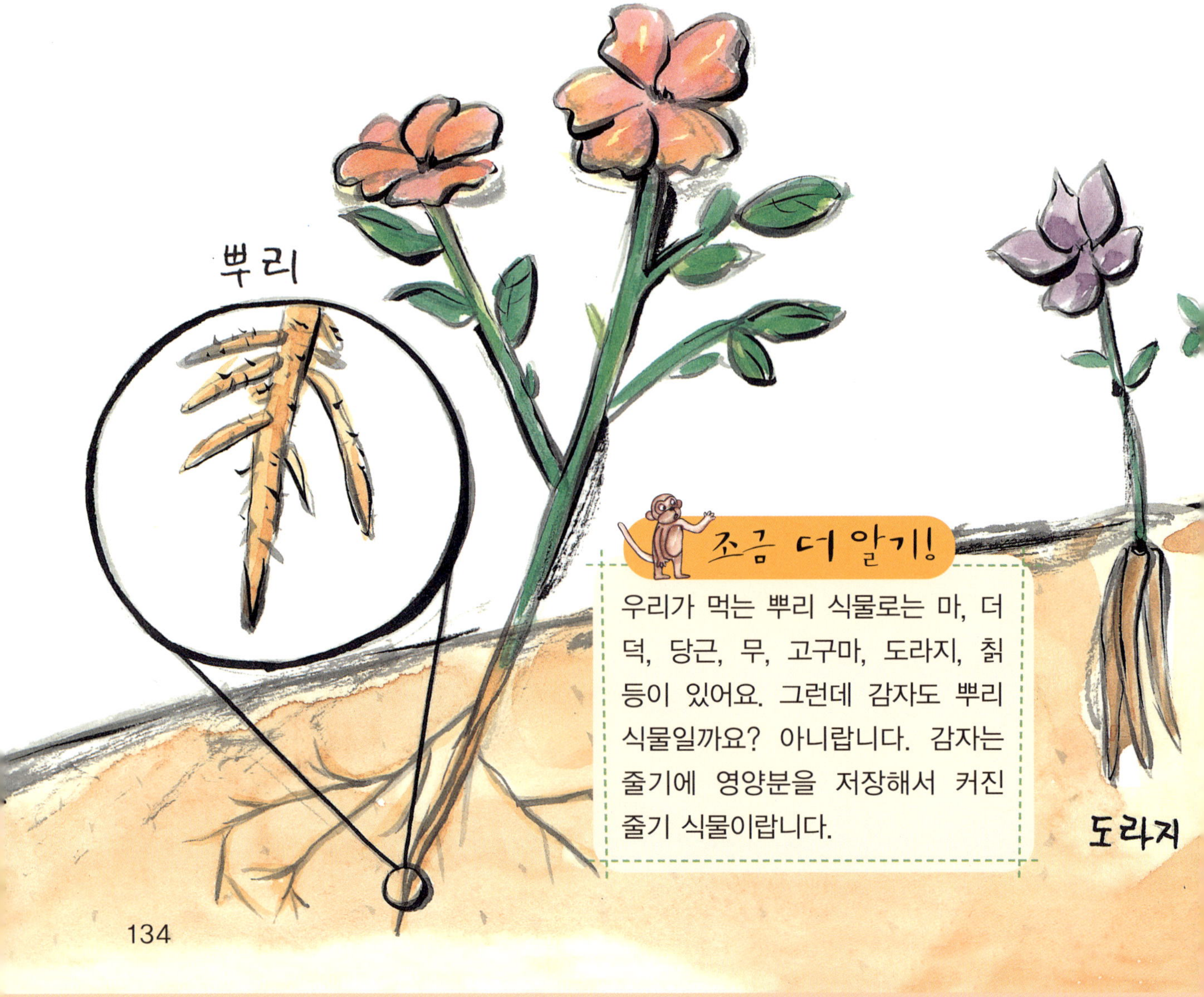

뿌리

조금 더 알기!
우리가 먹는 뿌리 식물로는 마, 더덕, 당근, 무, 고구마, 도라지, 칡 등이 있어요. 그런데 감자도 뿌리 식물일까요? 아니랍니다. 감자는 줄기에 영양분을 저장해서 커진 줄기 식물이랍니다.

도라지

그럼, 식물은 어디로 맛있는 영양분을 먹을까요?
바로 뿌리예요.

식물은 뿌리로 물과 영양분을 빨아들여서
쑥쑥 자란답니다.

그래서 뿌리가 뽑힌 식물은 말라 죽어요.

무   더덕   당근   고구마   마   칡

68 풀·꽃·나무는 왜 햇빛이 필요할까요?

식물이 자라는데 햇빛은 꼭 있어야 해요.
햇빛을 받아야 식물은 쑥쑥 자랄 수 있답니다.
식물의 잎에는 엽록소라는 것이 있어요. 엽록소는
잎을 초록색으로 만드는 작은 알갱이랍니다.

비타민 D

엽록소

엽록소

영양분

엽록소 영양분

엽록소는 햇빛을 받아 식물이 자랄 수 있는
영양분을 만들어요.
엽록소가 햇빛을 받지 못하면 영양분을
만들지 못해 시들시들해진답니다.
그럼, 사람은 어떨까요?
사람도 오랫동안 햇빛을 받지 못하면
튼튼하지 못하답니다.

조금 더 알기!

햇빛에 들어 있는 자외선을 쏘이면 사람의 몸에서 비타민D가 만들어져요. 즉 사람은 음식물에서 비타민D를 섭취할 뿐 아니라, 몸 안에서 프로비타민D가 햇빛에 의하여 비타민D로 바뀐답니다. 비타민D는 칼슘의 흡수를 도와 뼈를 튼튼하게 해 주어요.

 선인장은 모래사막에서 어떻게 살 수 있을까요?

사막은 모래로 된 땅이어서 물기가 없는 곳이에요.
그런데도 선인장은 사막에서 잘 자란답니다.
선인장은 물이 없어도 살 수 있는 식물일까요?
아니에요. 선인장도 다른 식물처럼
물이 있어야 살 수 있어요.
그런데도 사막에서 살 수 있는 것은 선인장의 구조가
다른 식물들과는 다르기 때문이랍니다.
선인장의 줄기는 겉넓이를 줄이기 위해 둥글게 생겼
어요. 그렇기 때문에 물의 증발을 막을 수 있지요.
줄기는 두껍고 튼튼한 껍질에 싸여 있어서
물이 밖으로 나가지 못하며, 줄기
속에는 물을 저장하는 곳도 있답니다.

또한 줄기에는 가시와 물고기 비늘 같은 것이 많이 돋아 있어, 동물이나 곤충들이 함부로 다가와 줄기의 수분을 빼앗아가지 못한답니다.
이런 특징들로 선인장은 2년 동안 비가 오지 않아도 사막에서 살 수 있어요.

70 풀 중에서 키가 가장 큰 풀은 무엇일까요?

풀 중에서 키가 가장 큰 풀은 대나무예요.
대나무는 10층 높이의 건물만큼 키가 자란답니다.
대나무는 장대처럼 크고 단단하지만
사실은 풀과 같은 종류랍니다.
어떤 대나무는 하루에 61센티미터나 자란다고 하니,
정말 믿을 수 없을 정도로 빨리 자라지요?
대나무는 낚싯대로 쓰이기도 하고,
가구, 종이, 돛대 등을 만들 때 쓰이기도 해요.

조금 더 알기

대나무는 키가 크고 늘 꼿꼿이 자라는 특징이 있어요. 다른 식물에 비해 빨리 자라고, 속이 비어 있는 줄기는 마디로 자란답니다. 겨울에도 떨어지지 않는 잎은 사시사철 푸른빛을 자랑하지요.

우와 진짜 길다~

10층 높이만큼 크다고?

71 밤에는 왜 꽃잎이 오므라들까요?

꽃들은 밤이 되면 꽃잎을 오므리고 낮이 되면 활짝 편답니다. 왜 그럴까요?
따뜻한 온도는 꽃잎의 안쪽을 자라게 만들어요.

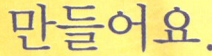

그래서 기온이 떨어질 때는 꽃의 안쪽보다 바깥쪽을
더 빨리 자라게 하지요. 그렇기 때문에 기온이
떨어지는 밤에는 꽃잎이 오므라들게 된답니다.
나팔꽃을 한번 관찰해 보세요.
나팔꽃은 낮 동안 기온이 올라감에 따라 꽃잎이
펴졌다가 늦은 오후가 되면 다시 오므라들 거예요.

생활 과학 이야기

미끄럼틀을 타면 왜 엉덩이가 뜨거워지나요?
신호등의 멈춤 표시는 왜 빨간색일까요?
물과 기름은 왜 섞이지 않을까요?

미끄럼틀을 타면 왜 엉덩이가 뜨거워지나요?

미끄럼틀에 엉덩이를 대고 신나게
내려오면 엉덩이가 따뜻해져요. 왜 그럴까요?
**이것은 엉덩이와 미끄럼틀이 서로 문질러져서
열이 생겼기 때문에 그렇답니다.**
이렇게 서로 문지르는 것을 '마찰' 이라고 해요.
마찰은 두 개의 물건을 서로 세게 문지르는 것으로
이때는 반드시 열이 생긴답니다.
이와 같은 방법으로 옛날 사람들은 나무토막 두 개를
서로 세게 비벼 뜨겁게 달아오르게 하여 불을
피웠답니다. 마찰로 생기는 열을 이용한 것이지요.

이러한 마찰은 우리 생활 곳곳에 이용되고 있어요. 어린이 여러분, 어느 곳에 마찰열이 이용되고 있는지 한번 생각해 보세요.

조금 더 알기!

운동을 한 뒤에는 차가운 물로 목욕을 하는 것이 좋답니다. 운동을 할 때 근육이나 인대 등이 마찰로 열이 발생하는데, 이 열을 차가운 물로 빨리 식혀 주는 것이 피로를 푸는 데 효과적이거든요.

73 신호등의 멈춤 표시는 왜 빨간색일까요?

신호등의 멈춤 표시등은 빨간색이에요.
왜 그럴까요?
빨간색은 먼 곳에서도 가장 잘 보이는 색이에요.
그래서 멈춤 표시등에 빨간색을 이용하는 것이랍니다.

이 색은 세계 어느 나라나 똑같아요.
그럼, 건너가도 좋다는 표시등은
왜 초록색일까요?
그것은 초록색이 빨간색과 가장 구별이
잘 되는 반대색이기 때문이랍니다.

74 물과 기름은 왜 섞이지 않을까요?

컵에 물을 담고 그 위에 식용유를 떨어뜨려 보세요.
기름이 물 위에 둥둥 뜨지요?
아무리 흔들어도 섞이지 않고 물 위에
떠오를 거예요. 왜 그러냐고요?

**물은 무거워서 가라앉지만, 기름은 가벼워서
물 위에 뜨기 때문에 그렇답니다.**

물과 기름의 무게가 다르기
때문에 섞이지 않는
것이지요.

기름:
나는 가벼워

물:
나는 무거워

조금 더 알기!

기름기가 있는 크레파스로 그림을 그린 뒤 그 위에 수채화 물감을 칠하면 크레파스 부분엔 물감이 묻지 않는답니다. 이것 역시 물과 기름이 섞이지 않기 때문에 일어나는 현상이지요. 어려운 말로 '물과 기름의 반발 원리'라고 해요.

생활 과학 이야기

75 약은 무엇으로 만들까요?
약을 먹으면 왜 병이 나을까요?

몸이 아프면 약을 먹지요?
그런데 약은 무엇으로 만들까요?
약은 여러 식물의 꽃, 열매, 잎, 뿌리 등으로
만들거나 동물의 기름, 내장 등으로 만들어요.
곰팡이를 길러서 만들거나
새로운 화학 합성으로 만들기도 하지요.
옛날부터 말린 약초를 달여서 마시거나
인삼, 매실 등을 소주에 담가서 술을 만들어서
약으로 마시기도 했어요.
약은 가루나 알약, 또는 물약 등으로 만들어져
있는데, 모두 병에 잘 듣는 성분만을 모아서
만든 것이랍니다.

그래서 병에 걸렸을 때 그 병에 맞는
약을 먹으면 낫는 거예요.
약은 병을 일으키는 바이러스 균을 직접 죽이고,
병에 걸려 약해진 위 등에 기운을 돋워 줘요.
또한 병에 걸리지 않도록 건강한 몸으로
유지시켜 주기도 한답니다.

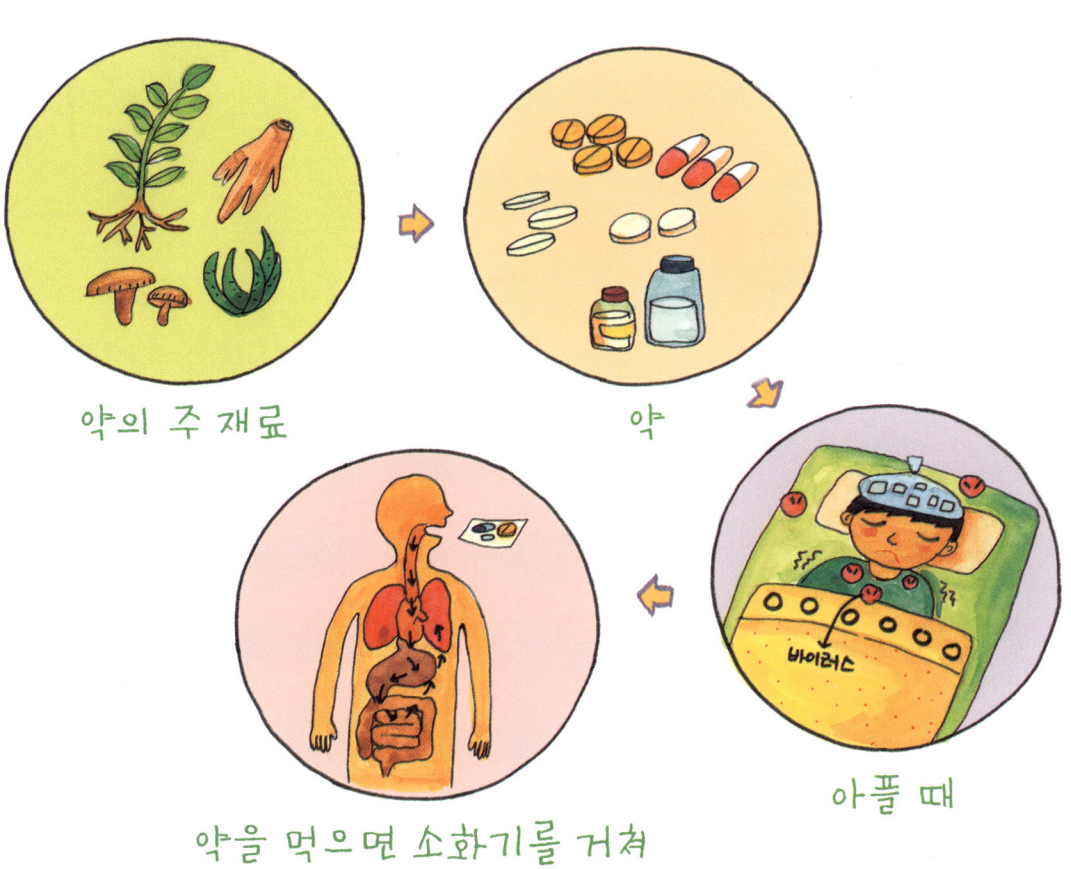

약의 주 재료

약

아플 때

약을 먹으면 소화기를 거쳐
간과 심장에 작용을 해요.

76 무거운 비행기가 어떻게 하늘을 날까요?

무거운 비행기가 하늘을 날 수 있는 것은
큰 날개를 달고 빠른 속도로 날기 때문이에요.

비행기가 빠른 속도로 날면
비행기 윗면의 공기는 빠르게 흐르고,
날개 아랫면의 공기는 느리게 흐르게 돼요.
이때 날개 윗면의 공기 힘보다 아랫면의 공기 힘이 더 커지게 된답니다. 날개 아랫면의 큰 힘이 날개를 위로 들어 올리기 때문에 비행기가 날 수 있는 것이랍니다.

조금 더 알기!

종이비행기는 어떻게 하늘을 날 수 있을까요? 종이비행기가 날 때 위 공기와 아래 공기가 생기는데, 날개 끝이 조금 구부러지면 바로 위쪽이 아래쪽보다 빠르게 움직이게 돼요. 그러면 밀도가 낮아져 무게가 낮아지기 때문에 떠오르게 된답니다.

생활 과학 이야기

 유리병에 물을 가득 담아 얼리면 어떻게 될까요?

유리병에 물을 가득 담아 냉동실에 넣어 둔다면 유리병은 깨진 채 물은 얼어 있을 거예요. 유리병은 왜 깨졌을까요?

물이 얼 때는 물의 부피가 커져요.

물이 얼면서 점점 부피는 커지는데 유리병은 작은 그대로 있기 때문에 깨지고 마는 거지요. 추운 겨울날 수도관이 터지는 것도 이와 같은 이유 때문이랍니다.

 삶은 달걀과 날달걀은 어떻게 구별할까요?

달걀을 탁자 위에 올려놓고 팽이를 돌리듯이 돌려 보면 알 수 있어요.

돌려서 빨리 돌면 삶은 달걀이고, 느리게 돌면 날달걀이랍니다.

삶은 달걀은 전체가 딱딱하게 굳은 고체라서 잘 돌지만, 날달걀은 속이 물과 같은 액체여서 잘 돌지 않는답니다. 돌고 있는 달걀을 멈추게 하면 삶은 달걀은 쉽게 멈추지만, 날달걀은 손으로 멈추게 했다가 손을 놓으면 계속 더 돈답니다.

〈날달걀〉

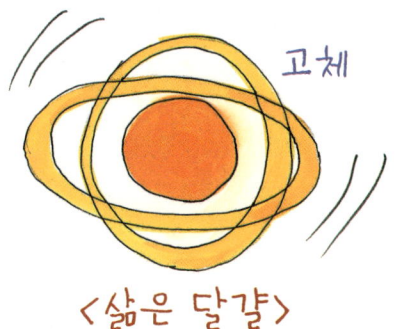
〈삶은 달걀〉

생활 과학 이야기 **157**

버스를 타고 신나게 소풍을 가고 있는데 갑자기
소나기가 내리기 시작했어요.
하늘에서는 우르르 꽝, 번쩍! 천둥 번개까지 치네요.
모두 버스 밖으로 나와야 할까요? 아니에요.
버스 안에 그대로 있는 것이 안전하답니다.
넓은 들판에 버스만 한 대 있다고 해도
유리창을 모두 닫고 차 안에 있어야 해요.
왜냐하면 **버스에 와서 부딪친 번개는
땅 속으로 전기가 흘러들어가기 때문이에요.**
오히려 큰나무 아래에 있으면 번개를 맞을 수 있으니
피해야 한답니다.

조금 더 알기!

번개는 땅 위에 있는 구조물 중 가장 높은 곳에 쳐요. 그러므로 번개가 칠 때 나무 아래에 있거나 평지에서 우산을 쓰면 안 된답니다. 생명을 잃을 수도 있거든요. 번개가 강하게 치면 불이 나거나 건물이 부서지기도 해요. 그래서 피뢰침을 설치한답니다. 피뢰침은 고층 건물 꼭대기에 길게 설치하여 번개를 땅 속으로 이끄는 장치랍니다.

80 목이 마를 때 바닷물을 마셔도 될까요?

안 돼요.
목이 마르다고 바닷물을 마시면 더 심하게 목이 마르게 된답니다.
왜냐하면 바닷물에는 소금기가 들어 있기 때문이에요. 예를 들어 볼게요.
배추를 소금에 절여 보세요. 싱싱하던 배추가 잎이 축 늘어질 거예요.
또 오이나 무를 소금에 절여 보세요.
많은 물이 빠져나올 거예요.
이것은 모두 소금이 채소가 가지고 있는 물을 밖으로 밀어냈기 때문이랍니다.
바닷물도 소금기가 들어 있기 때문에 물을 마시면

사람 몸속의 물을 밖으로
밀어내 버려요.
그러면 몸속에 물이 부족해져
더욱더 목이 마르게 된답니다.

 유리는 어떻게 만들까요?

창문, 물컵, 접시, 거울…….
우리 생활에서 유리가 쓰이는 곳은 많지요.
편리하게 쓰이는 유리는 어떻게 만들까요?
**유리는 모래와 탄산소다,
그리고 석회암을 함께 녹여서 만들어요.**
아주 큰 용광로에 위의 세 가지 재료를 섞어
높은 온도로 가열을 하여 녹인 뒤, 급속히 식히면
유리가 된답니다.

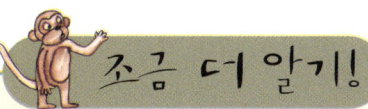
조금 더 알기!

유리는 고체일까요? 액체일까요? 많은 사람들이 유리가 딱딱하므로 고체일 거라고 생각하지만, 유리는 액체랍니다. 유리는 규사(모래)라는 물질을 탄산소다, 석회암과 함께 용광로에 넣고 펄펄 끓여서 액체 상태가 되었을 때 갑자기 식혀서 만든 거예요. 그래서 겉모양은 고체처럼 굳은 물질이지만, 그 속은 액체일 때의 성질을 그대로 가지고 있답니다.

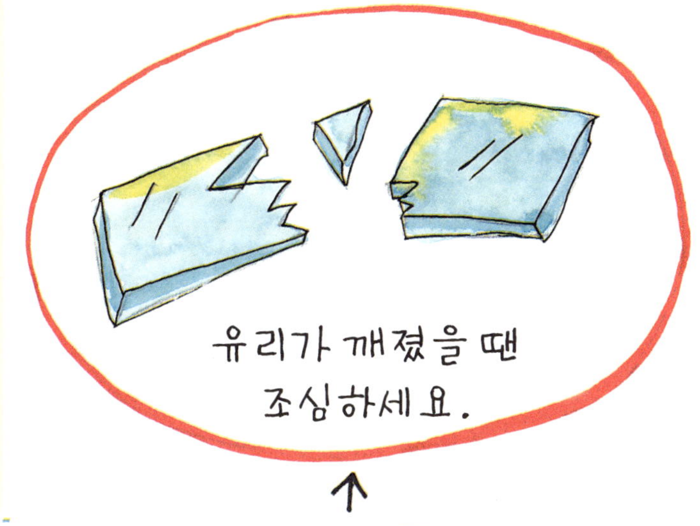

유리가 깨졌을 땐 조심하세요.

유리 제품들

 높은 건물도 바람이 세게 불면 흔들릴까요?

태풍과 같은 강한 바람이 불면 높은 건물도
바람에 흔들려요.
그러나 흔들리는 정도가 50센티미터 정도여서
사람들은 느끼지를 못한답니다.
40층 이상 높은 건물은 지을 때부터
조금은 흔들리도록
부드러운 구조로 지어요.
태풍이 불어도 무너지지 않게 하기
위해서이지요.

태풍, 매미다~

100층

조금 더 알기!

강한 바람과 비를 몰고 오는 태풍은 올 때마다 이름이 달라요. 태풍에 이름을 붙이기 시작한 것은 1953년, 호주의 예보관들이었어요. 그 당시 호주 예보관들은 자신이 싫어하는 정치가의 이름을 태풍 이름으로 붙였어요. 제2차 세계 대전 뒤부터는 미국의 공군과 해군에서 태풍 이름을 붙이기 시작했는데, 이때 예보관들은 자신의 아내나 애인의 이름을 사용했어요. 그래서 1978년까지는 태풍 이름이 여성이었다가 그 뒤부터 남자와 여자 이름을 번갈아 사용하였답니다. 2000년부터는 아시아태풍위원회에서 아시아 각국 국민들의 태풍에 대한 관심과 경계를 높이기 위해서 태풍 이름을 서양식에서 아시아 지역 14개국의 고유한 이름으로 바꾸어 사용하고 있어요.

생활 과학 이야기

 우유는 어떻게 마시는 것이 좋을까요?

우유는 영양분이 풍부하기는 하지만 열에 아주 약해요. 그래서 뜨겁게 끓이거나 데워서 먹으면 영양분이 파괴되어 좋지 않답니다.

우유는 섭씨 4도 정도로 차게 해서 마시는 것이 좋아요. 그리고 한꺼번에 꿀꺽꿀꺽 삼키지 말고 입 안에 우유를 넣고 씹듯이 먹는 것이 좋답니다.

4°C (O) 끓이기 (X)

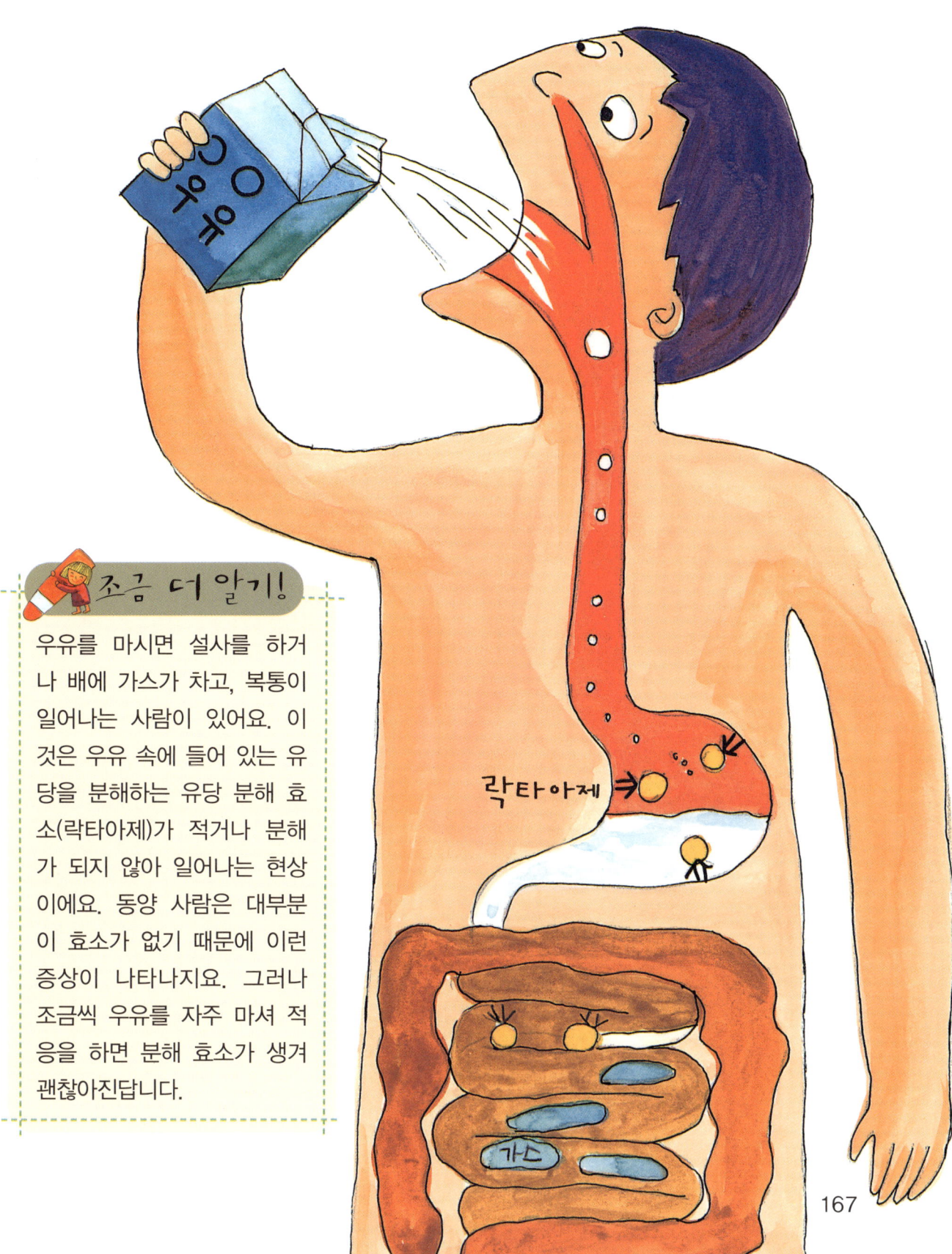

조금 더 알기!

우유를 마시면 설사를 하거나 배에 가스가 차고, 복통이 일어나는 사람이 있어요. 이것은 우유 속에 들어 있는 유당을 분해하는 유당 분해 효소(락타아제)가 적거나 분해가 되지 않아 일어나는 현상이에요. 동양 사람은 대부분 이 효소가 없기 때문에 이런 증상이 나타나지요. 그러나 조금씩 우유를 자주 마셔 적응을 하면 분해 효소가 생겨 괜찮아진답니다.

 유리컵에 뜨거운 물을 부으면 왜 깨질까요?

펄펄 끓고 있는 물을 유리컵에 따랐더니
금세 컵에 금이 가 깨졌어요.
왜 그럴까요?
이것은 열로 인해서 유리컵이 늘어났기 때문이에요.
**유리컵 안쪽에 갑자기 뜨거운 물이 닿자
안쪽은 늘어났는데, 바깥쪽은 그대로이기 때문에
부피가 달라 깨지는 거예요.**
하지만 매우 얇은 컵은 오히려 안쪽에
뜨거운 물을 부어도 바깥쪽에 금방 열이
전달되어 깨지지 않는답니다.

유리 단면

생활 과학 이야기 169

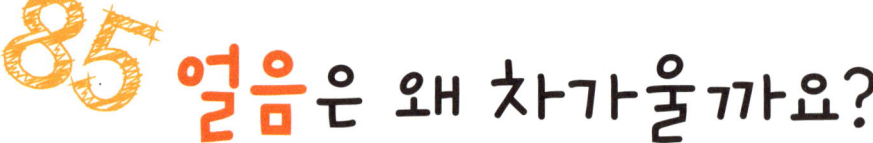 얼음은 왜 차가울까요?

얼음을 만지면 차가운 느낌을 받지요? 그 이유는 **손이 얼음보다 뜨겁기 때문에 그렇답니다.** 반대로 손이 차가울 때 따뜻한 물을 만지면 느낌이 어떨까요?

조금 더 알기!

물이 얼음이 되는 것은 온도가 0도일 때예요. 날씨가 쌀쌀한데도 얼음이 얼지 않았다면, 기온이 아직 0도가 되지 않았다는 것이지요. 반대로 물을 펄펄 끓이면 물에서 하얀 김이 나와요. 이것을 수증기라고 하는데, 물이 수증기가 되는 것은 온도가 100도일 때랍니다.

86 거울에 입김을 불면 왜 뿌옇게 흐려질까요?

거울에 입김을 '하~' 하고 불어 보세요.
뿌옇게 흐려지지요?
입 안에서 나오는 따뜻한 수증기가
차가운 거울에 닿자 작은 물방울이 되어
달라붙었기 때문이에요.
그럼, 반대로 뜨거운 거울에 입김을 분다면 어떨까요?
한번 해 보세요.

 저울 위에서 한쪽 다리를 들면 무게는 어떨까요?

체중계로 몸무게를 재보았더니 38킬로그램이었어요. 그럼, 한쪽 다리를 들고 몸무게를 재면 어떻게 될까요? 38킬로그램보다 더 적을까요?

한쪽 다리를 들고 몸무게를 재어도 몸무게는 똑같아요.

왜냐하면 몸무게는 그대로이기 때문이에요. 두 다리로 몸을 떠받치고 있던 것을 한쪽 다리로 떠받치게 했을 뿐이니까요.

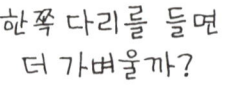
한쪽 다리를 들면 더 가벼울까?

1, 2, 3, 4……. 와 같은 숫자는 누가 만들었을까요?

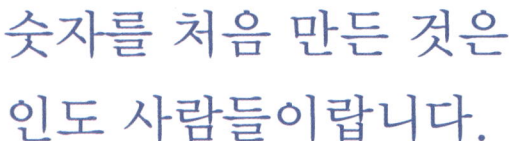

숫자를 처음 만든 것은
인도 사람들이랍니다.
하지만 숫자를 널리 퍼뜨린 사람들은 그 당시
인도를 드나들던 아라비아 상인들이었어요.
유럽 사람들은 아라비아 사람들이 숫자를 쓰는
것을 보고 '아라비아 숫자'라고 불렀지요.
그래서 인도 사람이 만들었지만 아라비아 숫자라고
이름 붙여졌답니다.

생활 과학 이야기

초판 1쇄 발행 2019년 11월 20일

발행인 최명산 **글** 해바라기 기획 **그림** 김은경
디자인 토피 디자인실 **마케팅** 신양환
펴낸곳 토피(등록 제2-3228) **주소** 서울시 서대문구 홍제천로 6길 31
전화 (02)326-1752 **팩스** (02)332-4672 **홈페이지 주소** http://www.itoppy.com

이 책은 저작권법에 따라 보호받는 저작물이므로 무단 전재와 무단 복제를 금지합니다.

©2019, 토피 Printed in Korea
ISBN 979-11-89187-11-8

이 도서의 국립중앙도서관 출판예정도서목록(CIP)은 서지정보유통지원시스템 홈페이지(http://seoji.nl.go.kr)와 국가자료종합목록시스템(http://www.nl.go.kr/kolisnet)에서 이용하실 수 있습니다.
(CIP제어번호 : CIP2019044998)